DECIFRANDO O MISTÉRIO DOS SONHOS

Compreenda o Mecanismo dos Sonhos,
Identifique cada Tipo, Decifre os Significados
e Modifique seu Futuro

Mestre Gabriel Amorim

Decifrando o Mistério dos Sonhos

Compreenda o Mecanismo dos Sonhos,
Identifique cada Tipo, Decifre os Significados
e Modifique seu Futuro

MADRAS®

© 2016, Madras Editora Ltda.

Editor:
Wagner Veneziani Costa

Produção e Capa:
Equipe Técnica Madras

Revisão:
Maria Cristina Scomparini
Neuza Rosa
Doroty Santos

Dados Internacionais de Catalogação na Publicação (CIP)
(Câmara Brasileira do Livro, SP, Brasil)

Amorim, Gabriel
Decifrando o mistério dos sonhos : compreenda o mecanismo dos sonhos, identifique cada tipo, decifre os significados e modifique seu futuro / Mestre Gabriel Amorim. -- São Paulo : Madras, 2016.

ISBN 978-85-370-1024-2

1. Mistério 2. Sonhos 3. Sonhos - Interpretação I. Título.

16-05717   CDD-135.3

Índices para catálogo sistemático:
1. Sonhos : Significados : Ciências ocultas 135.3

É proibida a reprodução total ou parcial desta obra, de qualquer forma ou por qualquer meio eletrônico, mecânico, inclusive por meio de processos xerográficos, incluindo ainda o uso da internet, sem a permissão expressa da Madras Editora, na pessoa de seu editor (Lei nº 9.610, de 19/2/1998).

Todos os direitos desta edição reservados pela

MADRAS EDITORA LTDA.
Rua Paulo Gonçalves, 88 – Santana
CEP: 02403-020 – São Paulo/SP
Caixa Postal: 12183 – CEP: 02013-970
Tel.: (11) 2281-5555 – Fax: (11) 2959-3090
www.madras.com.br

Objetivo

    Os sonhos sempre foram um mistério para a maioria das pessoas. Eles incomodam, geram curiosidades e até mesmo despertam o medo. Este livro tem como objetivo colocar luz sobre esse assunto, desfazendo, definitivamente, essas sensações. Além disso, vai fazê-lo compreender o mecanismo dos sonhos, identificando cada tipo e decifrando seus significados para, por meio deles, autoconhecer-se, realizar ou modificar o seu futuro, tornar-se um mago dos sonhos.

Dedicatória

Dedico este livro a todas as pessoas que, por confiarem em mim, nunca me abandonaram e caminham comigo lado a lado nesta grande jornada chamada vida.

Agradecimentos

À Doroty Santos, autora dos contos "Doçura Diabólica", "O Sobrenatural" e "O Prisioneiro", pela revisão desta obra.

Índice

Objetivo 5
Depoimento 11
Prefácio 12
Introdução 14
Dimensão Física..19
Dimensão Vital..22
Dimensão Astral..23
Dimensão Mental..28
Dimensão Espiritual..32
Viagens Físicas..34
Viagens Astrais..36
Viagens Mentais..39
Viagens Espirituais..42
Sonhando Acordado 43
   Sonhos não se realizam por acaso......................53
Sonhos de Origem Física.......................................55
Sonhos de Origem Vital...64
Sonhos de Origem Astral.......................................70
   Dentro do ovo áurico astral................................73
   Sonhos de compensação.....................................73
   Sonhos de equilíbrio 76
   Sonhos de fantasia...78
   Sonhos de orientação...81
   Sonhos repetitivos..83

    Fora do ovo áurico astral..85
    Sonhos correspondentes..86
    Sonhos de pressentimento 88
    Sonhos de premonição 90
    Sonhos de precognição..92
    Sonhos com encarnados..93
    Sonhos com desencarnados..94
    Sonhos com entidades típicas...95
    Sonhos com íncubo e súcubo 96
    Sonhos simbólicos..98
    Sonhos lúcidos..106
Sonhos de Origem Mental 110
    Dentro do ovo áurico mental.......................................114
    Sonhos de compensação..114
    Sonhos de equilíbrio 115
    Sonhos de fantasia...117
    Sonhos de orientação..118
    Sonhos repetitivos..121
    Fora do ovo áurico mental 122
    Sonhos correspondentes..122
    Sonhos com encarnados..125
    Sonhos com desencarnados..125
    Sonhos com entidades típicas.......................................126
    Sonhos simbólicos..126
    Sonhos regionais, grupais, familiares e individuais........128
    Sonhos significativos..130
    Sonhos lúcidos..132
    Sonhos de criatividade..136
Sonhos de Origem Espiritual..140
    Sonhos bíblicos...142
O Maravilhoso Conhecimento dos Sonhos.........................186
Bibliografia 192

Depoimento

Tratando-se desse ser iluminado que é o empreendedor e revolucionário Mestre Gabriel Amorim, eu sempre espero uma obra de qualidade, pois Mestre Gabriel é uma mente inquieta que está sempre usando seu talento de construtor para criar pontes entre os sonhos e os sonhadores, clareando, com a luz de sua sabedoria, a travessia daquelas pessoas que, assim como ele, também desejam fazer deste mundo um lugar melhor, bem desenvolvido, próspero e feliz. Seu próprio exemplo de superação e sucesso é uma prova bem clara de que todas as pessoas, usando as suas capacidades como seres espirituais e vivendo uma experiência material, podem, sim, manifestar a abundância divina aqui na Terra! O seu maravilhoso livro *Decifrando o Mistério dos Sonhos* é uma ferramenta extraordinária que nos revela o infinito poder de nossa mente, desperta-nos e fortalece o nosso espírito, transmitindo a certeza de que, com trabalho, dedicação e esforço, qualquer pessoa pode sair do fundo do poço e chegar ao topo!

Evaldo Ribeiro
Radialista, humorista, escritor, compositor e palestrante

Prefácio

Quando paramos para pensar em sonhos, não nos damos conta de quanto são importantes em nossa vida; ao mesmo tempo em que eles geram certa curiosidade, nós não os valorizamos como deveríamos. Queremos saber o que significam, mas não nos atentamos para os benefícios que os sonhos podem nos trazer em termos de equilíbrio e qualidade de vida.

Os sonhos são fundamentais para nosso bem-estar, pois trazem compensações para que possamos suportar os problemas que permeiam nosso cotidiano; eles têm condições de fazer com que evitemos que algo ruim possa nos acontecer; também têm o poder de nos oferecer alternativas para que consigamos obter o que desejamos muito; todas essas coisas, e muito mais, os sonhos podem nos proporcionar. Aqui, nesta obra, você vai encontrar o caminho para entender o importante papel que os sonhos têm em nossas vidas e, além disso, terá acesso a ferramentas que lhe permitirão utilizar todo o conhecimento exposto aqui.

O mais extraordinário disso tudo é que os sonhos têm, também, a generosa função de fazer com que encontremos nosso lado espiritual e nos tornemos seres melhores dentro deste mundo com tantas situações horríveis, com as quais, muitas vezes, não sabemos lidar.

Mais do que uma adivinhação barata, como vemos em muitos dicionários de sonhos que encontramos por aí, este livro apresenta a essência dos sonhos. Ele nos mostra a verdadeira razão de sonharmos, atraindo-nos para um mundo no qual nunca havíamos pisado antes. Foi extremamente admirável ter podido adentrar pelos caminhos do fantástico conhecimento revelado no conteúdo desta obra.

A maneira simples e direta que esse tema tão complexo foi abordado é quase uma contradição, pois, aqui, encontramos segredos que, embora preciosíssimos, são desvendados de modo tão claro e gostoso que você não consegue parar de ler.

Os sonhos são um mistério para a maioria das pessoas, porém, agora, de posse deste relato, você não vai mais ficar curioso, querendo saber o significado de determinado sonho, e tal. A partir desta leitura você terá condições de entender os sonhos da maneira correta; saberá o porquê de certo sonho e conseguirá relacioná-lo com o seu momento, com a sua vida.

De propriedade deste conhecimento, todos nós seremos capazes de entender melhor a nossa realidade, encontrando, assim, o equilíbrio para nossas vidas.

Doroty Santos

Introdução

Sonho é um assunto bastante interessante que desperta muita curiosidade, mas, ao mesmo tempo, pode gerar forte polêmica porque, talvez, entre em conflito com a ciência, religião ou crença de muitas pessoas.

Há demasiadas fantasias e inverdades em relação aos sonhos, como, por exemplo, as encontradas nos dicionários de sonhos, comumente vendidos em livrarias e bancas de jornal. Entretanto, na verdade, não existe um dicionário de sonhos; cada pessoa possui seus próprios símbolos de acordo com a sua vivência, ou seja, se para uma pessoa algo significa uma coisa, para outra pode expressar algo completamente diferente. Você entenderá isso facilmente no decorrer deste livro.

Existem, sim, determinados tipos de sonhos que são universais, os chamados arquetipais ou aqueles relacionados com símbolos universais, que também trataremos neste livro. Mas, o que é realmente importante, é entender o mecanismo dos sonhos, para, daí sim, de posse desse conhecimento, poder interpretar e decifrar os próprios sonhos e os sonhos das demais pessoas.

Para a ciência, o sonho é uma experiência de imaginação do inconsciente durante nosso período de sono.

Para a psicanálise, o sonho é o "espaço para realizar desejos inconscientes reprimidos".

Para o psiquiatra suíço Carl Gustav Jung, o sonho é uma ferramenta da psique que busca o equilíbrio por meio da compensação.

Segundo o Espiritismo, é um estado de emancipação parcial da alma, ocasião em que se aguçam as nossas percepções. Evasão da alma da prisão do corpo. Desprendimento do Espírito no espaço, onde ele se encontra com outros Espíritos, antigos conhecidos. (Equipe da FEB, 1995).

Eu não pertenço a nenhum tipo de religião; considero-me ocultista e espiritualista, portanto, a visão que vou apresentar neste livro a respeito dos sonhos é um misto de conceitos encontrados na ciência, nas religiões, no Espiritismo e no Ocultismo.

Dito isso, o sonho, segundo a minha visão, é um estado de consciência que pode acontecer dentro de três outros estados de consciência: o estado de vigília ou acordado, o estado de sono e o estado de sono profundo.

O sonho é uma experiência de morte, pois o que acontece enquanto dormimos é exatamente igual ao que acontece quando morremos, como veremos em seguida.

Quando estamos dormindo, sonhamos diversas vezes e podemos ter de quatro a cinco EECs – Experiências Extracorpóreas, conhecidas também como Viagens Astrais e mentais. Portanto, considerando uma idade média de 85 anos, teremos, aproximadamente, 150 mil sonhos e, como cada sonho pode ter uma duração de dez minutos a uma hora, equivale a dizer que sonhamos em torno de quatro anos sem parar. Assim, nesse caso, somos especialistas em sair do corpo.

Quando morremos, nossa alma, que é o conjunto de sentidos, sentimentos, emoções e pensamentos, sai do corpo, deixando para trás, aqui, nesta dimensão, o corpo físico e o corpo vital. Ela segue para a dimensão astral, que é a dimensão pós-morte, onde permanecerá por uma determinada duração de tempo, até que acontecerá uma segunda morte, ou seja, quando a alma deixará a dimensão astral e irá para a dimensão mental, que é outra dimensão pós-morte, onde ficará, também, por certo tempo. Quando, então, ocorrerá uma terceira morte e a alma irá para a dimensão espiritual. Chegando à dimensão espiritual a entidade que nos comanda, que é o nosso Deus interno, nosso corpo causal, verifica que ainda não estamos preparados e providencia a nossa volta para mais uma vida. Esse ciclo – vai e volta – continua até que completemos a nossa evolução a qual, segundo José Henrique de Souza, teósofo, é a transformação da vida energia em vida consciência.

Quando dormimos acontece exatamente a mesma coisa, ou seja, saímos do corpo e deixamos para trás, no local onde estamos dormindo, nosso corpo físico e nosso corpo vital e vamos para a dimensão astral. Depois seguimos para a dimensão mental e, finalmente, em estado de sono profundo, chegamos à dimensão espiritual, que é o momento em que a entidade que nos comanda diz que não podemos ficar; então, acordamos e voltamos para mais uma vida de um dia. Isso significa que temos vários ciclos grandes de vida e morte até completarmos nossa evolução e, em um desses ciclos temos milhares de ciclos pequenos exatamente iguais, que são o dormir e o acordar, ou seja, estamos constantemente treinando para morrer. Portanto, uma das funções dos sonhos é explicar a morte.

Todas as pessoas sonham, sendo que os sonhos dos homens são mais mentais e os sonhos das mulheres, mais astrais, ou seja, sonhos emocionais. Todas as crianças também sonham, mas as crianças com até 4 anos de idade não distinguem sonho de realidade; portanto, quando uma criança disser que viu alguém que já morreu, é porque viu mesmo; se disser que viu um monstro, é porque viu mesmo.

Todos os animais vertebrados também sonham, porém, como eles não pensam, seus sonhos são sempre astrais porque suas almas são compostas apenas de sentidos, sentimento, emoções e instinto (alma inferior), enquanto nos seres humanos as almas são compostas de sentidos, sentimento, emoções, instinto e pensamentos (alma superior).

Os sonhos ocorrem, na maioria das vezes, na segunda metade do sono; desse modo, como a maior parte das pessoas dorme, em média, oito horas por dia, podemos dizer que os sonhos ocorrem nas últimas quatro horas de sono.

Sabemos quando uma pessoa está sonhando pelo REM, sigla em inglês que significa *Rapid Eye Moviment*, que em português quer dizer "Movimento Rápido dos Olhos". Nesse momento, quando percebemos o REM, se acordamos a pessoa bem devagar, com bastante carinho, ela se lembrará com mais facilidade do sonho.

Tudo que acontece fisicamente, ocorre primeiro na dimensão vital. Tudo que ocorre na dimensão vital, acontece primeiro na dimensão astral e tudo que acontece na dimensão astral, ocorre primeiro na dimensão mental. Isso significa que no mundo dos sonhos as coisas acontecem antes de ocorrer fisicamente, por isso que, muitas vezes, temos a sensação de já termos estado em algum lugar ou, então, de termos passado por uma determinada situação. Isso explica o fato de que, se eu conseguir lembrar o que acontece no mundo dos sonhos, posso desenvolver os dons de pressentimento, premonição, precognição e intuição, tornando-me, assim, um adivinho. Sabendo o que vai acontecer antes, posso tirar vantagem disso, mudando os fatos, fazendo com que as coisas não aconteçam ou aconteçam a meu favor.

Quem não sonha com a casa ou com o apartamento que gostaria, nunca terá. Quem não sonha com o carro que gostaria, nunca terá. Quem não sonha com a mulher ou com o homem que deseja, nunca terá. Mas, quando começamos a sonhar com essas coisas, fazendo acontecer na dimensão mental, mais cedo ou mais tarde elas se materializarão em nossas vidas. Chamamos isso de magia dos sonhos. Portanto, sonhar é realizar o futuro.

Pelos sonhos de uma pessoa, podemos conhecê-la, isso porque os sonhos retratam as experiências da alma da pessoa. Portanto, dize-me com o que sonhas que te direi quem és.

Sofremos diariamente pesadas cargas emocionais, principalmente em um país repleto de corrupção como o nosso, com problemas políticos, crime organizado, desemprego, inflação, violência, e sofremos, também, com todos os demais problemas que vemos atualmente pelo mundo, como o terrorismo, a iminência de uma guerra nuclear e até mesmo de uma terceira guerra mundial. Sem contar que temos de enfrentar os conflitos no trabalho, as mágoas, as tristezas, as decepções, etc. Se não tivermos um mecanismo equilibrador para compensar e descarregar essas energias negativas, acabaremos doentes ou até mesmo loucos. Por meio dos sonhos, podemos compensar tudo isso, equilibrando nossos sentimentos, nossas emoções e realizando nossas fantasias.

Desejo, sinceramente, que depois da leitura deste livro você se torne um mago dos sonhos, capaz de identificar, decifrar e materializar seus sonhos.

Boa leitura!

Dimensão Física

A dimensão física é composta de um tipo de matéria que chamamos física. Em sua composição também encontramos os quatro elementos da Natureza: terra, água, ar e fogo, e os reinos hominal, animal, vegetal e mineral.

Na dimensão física, estamos sob os efeitos das leis da física, como, por exemplo, a lei da gravidade, a lei da ação e reação, a lei da inércia, etc. Também estamos sob as leis dos homens: as leis civis, criminais, trabalhistas, etc., e sob algumas leis espirituais, tais como, a lei de causa e efeito e a lei de volta a forma.

Quando morremos, e todos os dias quando sonhamos e saímos em viagens astrais, deixamos nosso corpo na dimensão física e vamos para a dimensão astral, depois para a vital e após para a espiritual.

A dimensão física é onde sonhamos e onde todos os sonhos podem se tornar realidade. Como disse Napoleon Hill, em seu magnífico livro *Pense e Enriqueça*, tudo que a mente humana pode conceber e acreditar, poderá alcançar; portanto, controlando os sentidos, os sentimentos, as emoções, os instintos e os nossos pensamentos, somos capazes de controlar nosso futuro.

Vamos falar sobre as capacidades mentais, porque elas influenciam diretamente a nossa capacidade de sonhar e têm origem em nosso cérebro, que está na dimensão física.

Somos dotados de sete capacidades mentais: a capacidade sensória, perceptiva, reflexiva, imaginativa, judicativa, racional e intelectual e, pelo desenvolvimento dessas sete capacidades, podemos aperfeiçoar nossa habilidade de sonhar.

Capacidade sensória: é a capacidade que nos permite trazer o mundo exterior para dentro de nosso mundo interior. Está ligada aos nossos cinco sentidos: visão, audição, olfato, paladar e tato. Portanto, se conseguirmos desenvolver essa capacidade, poderemos trazer muito mais coisas para dentro de nós e, consequentemente, teremos condições de sonhar muito mais.

Capacidade perceptiva: é a capacidade de perceber o que foi captado pela capacidade sensória. Em conjunto com a capacidade sensória, a capacidade perceptiva dá origem aos nossos sonhos de natureza física. Portanto, se fortalecermos essas duas capacidades, seremos capazes de aumentar a quantidade de sonhos de origem física.

Capacidade reflexiva: é a capacidade que reflete o que foi percebido pela capacidade perceptiva, gerando nossos sentimentos, nossas emoções e nossas ações correspondentes, de acordo com o que temos registrado em nosso instinto. Portanto, essa capacidade é a que produz nossos sonhos de origem astral.

Capacidade imaginativa: é a capacidade que nos induz a gerar imagens que podem ser criadas a partir daquilo que foi captado pela nossa capacidade sensória e notado pela nossa capacidade perceptiva. Por meio da capacidade reflexiva, todas essas coisas que foram captadas acabam se refletindo como imagens. Essas imagens podem ser simplesmente reais, fictícias, novas, velhas ou totalmente inovadoras. Nesse caso, a capacidade imaginativa está intimamente ligada aos nossos sonhos de origem mental.

Capacidade judicativa ou do juízo: é a capacidade intelectual que compara e julga; que dá um parecer, uma apreciação e que cria um conceito. A capacidade sensória traz as informações para dentro de nós; a perceptiva avalia e acumula essas informações, o que provoca um reflexo causando reações que geram imagens. A capacidade judicativa avalia tudo isso e faz considerações a respeito.

A capacidade do juízo nos leva ao discernimento para que saibamos se uma determinada coisa é certa ou errada, boa ou ruim; e, para desenvolvermos essa capacidade, nós temos o livre-arbítrio que é a maior dádiva que Deus nos deu e a maior força que temos para decidir entre dois caminhos.

Capacidade racional ou da razão: é a maior capacidade que nós temos, sendo aquela que nos distingue dos animais. É a capacidade que nos leva a raciocinar e a pensar; a faculdade pela qual podemos fazer a relação e a associação entre as coisas. É a capacidade que, quando fortalecemos as anteriores, ela fortalece a si mesma também e a todas as anteriores.

Capacidade intelectual: a capacidade intelectual é decorrente da capacidade racional ou da razão. É a faculdade completa da nossa inteligência, do entendimento de tudo o que existe, da compreensão dos fatos e das situações.

Pela capacidade intelectual podemos conectar e desenvolver todas as capacidades anteriores. Ela diferencia uma pessoa normal de uma pessoa especial; é onde nasce a criatividade e onde a inteligência se manifesta em sua maior plenitude.

A qualidade dos nossos sonhos está diretamente ligada à qualidade de nossas sete capacidades mentais.

Dimensão Vital

A dimensão vital é composta de energia vital e de um tipo de matéria que chamamos física vital, a qual é mais sutil do que a que compõe a dimensão física. Essa matéria envolve e interpenetra a dimensão física, portanto, vivemos simultaneamente na dimensão física, vital, astral e mental.

Quando morremos, ou todos os dias quando sonhamos e saímos em viagens astrais, deixamos nosso corpo físico e vital na dimensão física e vamos para a dimensão astral, depois para a mental e, após, para a espiritual.

A dimensão vital antecede a dimensão física; portanto, tudo que acontece na dimensão física primeiramente acontece na dimensão vital.

Dimensão Astral

A dimensão astral é composta de um tipo de matéria que chamamos física astral, uma matéria mais sutil do que a que compõe as dimensões física e vital, e é por isso que não a enxergamos. A dimensão astral interpenetra as dimensões física e vital. Isso significa que as dimensões física, astral e mental coexistem simultaneamente.

Quando morremos, ou todos os dias enquanto sonhamos e saímos em viagens astrais, deixamos nosso corpo físico e vital na dimensão física e vamos para a dimensão astral, depois para a mental e, após, para a espiritual; portanto, para quem deseja se tornar um mago de sonhos ou entender o que vai acontecer após a morte, é fundamental compreender como funciona essa dimensão e quais os seres que habitam nela.

A dimensão astral antecede as dimensões física e vital; portanto, tudo que acontece nas dimensões física e vital, primeiramente acontece na dimensão astral.

Astral significa luz, por isso a dimensão astral é um mundo de luz. Tudo na dimensão astral emana luz própria que pode ser de baixa ou de alta intensidade, dependendo da região astral onde a pessoa se localiza. Portanto, é muito fácil reconhecermos se nos encontramos na dimensão astral, bastando observarmos se o que estamos vendo emana ou não luz própria.

As leis e regras que se aplicam à dimensão física não são as mesmas que se aplicam à astral. A dimensão astral possui suas próprias leis e regras que são completamente diferentes das leis e regras da dimensão física.

Na dimensão astral podemos entrar no fogo e não nos queimarmos, ficar debaixo da água sem nos afogarmos; podemos voar, entrar na terra, atravessar paredes ou viajar para outros lugares e, até mesmo, para outros planetas em questão de segundos.

Outra característica da dimensão astral é que não podemos pensar quando estamos nela. A dimensão astral é de sentimentos e de emoções. Se, em sonho, estivermos na dimensão astral e por alguma razão tivermos de pensar, o que vai ocorrer é que despertaremos do nosso sono ou, então, passaremos para a dimensão mental.

Na dimensão astral, semelhante atrai semelhante, e essa é uma lei fundamental para todos aqueles que desejam explorar essa dimensão. Por exemplo: na dimensão física, quando ficamos bravos, com raiva ou com ódio de alguém, para descarregar, podemos gritar, xingar, chutar ou esmurrar uma parede. No máximo, o que pode acontecer é quebrarmos o pé ou a mão. Na dimensão astral, como semelhante atrai semelhante, se fizéssemos o mesmo, ficaríamos ainda mais bravos e atrairíamos ainda mais raiva e ódio e nos sentiríamos piores. É como se estivéssemos esvaziando um balde e ele se enchesse, ainda mais, cada vez que tentássemos jogar a água fora. Por isso, a melhor maneira de se explorar a dimensão astral é entrar nela em uma situação neutra, nunca com muita raiva, com muita alegria ou com muita tristeza e, principalmente, nunca com medo, pois, caso contrário, a única coisa que aconteceria é você acordar apavorado, com sobressalto e suando frio.

Resumidamente, com base na lei de que semelhante atrai semelhante, podemos dizer que, se entrarmos na dimensão astral com raiva, ódio, alegria, tristeza, medo, ou qualquer outro tipo de sentimento, atrairemos ainda mais esses sentimentos.

Outra propriedade da dimensão astral é que nela habitam diversos seres de, basicamente, duas categorias: humanos e não humanos.

Os humanos dividem-se em: os fisicamente vivos, compostos de pessoas que dormem; os psíquicos e neuróticos em crise; iniciantes em estudos no astral, adeptos e seus discípulos, e os magos negros e seus discípulos. Vivem, também, os fisicamente mortos (mortos "vivendo" normalmente no astral); os suicidas e mortos repentinos (ainda descontrolados psiquicamente); vampiros astrais, cascões astrais em processo de desintegração, cascões astrais vitalizados, cascões astrais habitados e discípulos esperando reencarnação.

Os seres não humanos dividem-se em: essência elemental astral, larvas astrais, corpos astrais de animais adormecidos ou mortos; elementais ou "espíritos" da Natureza; elementares (criações psíquicas artificiais) e seres extraterrestres.

A dimensão astral é composta de sete regiões, quatro delas mais densas e três mais sutis, porém, para efeito de explicar o mecanismo do sonho, falaremos somente das quatro mais densas: inférios ou inferno astral, purgatório astral inferior, purgatório astral superior e céu astral ou Devakan.

Como explicamos anteriormente, na dimensão astral, semelhante atrai semelhante; portanto, após a morte ou em viagem astral, seremos atraídos para uma dessas regiões dependendo do nosso estado de consciência, sentimento ou vibração.

Inférios ou inferno astral: os seres típicos dessa região são os piores tipos possíveis, como, por exemplo, os Kamas rupas, que são formas de desejo. Quando temos um desejo qualquer, ele adquire uma forma astral e essa forma passa a ter vida na dimensão astral; portanto, sentimentos como maldade, raiva, ódio, medo, mágoa, tristeza, inveja, angústia, vingança, vício, suicídio, etc. geram Kamas rupas terríveis, que passam a viver nessa região.

Purgatório astral inferior: nessa região ainda predominam os seres gerados por sentimentos de raiva, ódio, medo, mágoa, tristeza, inveja, angústia, vingança, vício, suicídio, etc., porém em menor quantidade e intensidade que na região anterior. Portanto, essa é uma região de conflito em que os seres não são totalmente ruins.

Purgatório astral superior: nessa região a quantidade e intensidade dos sentimentos dos seres gerados por maldade, raiva, ódio, medo, mágoa, tristeza, inveja, angústia, vingança, vício, suicídio, etc. são muito menores. Apenas para entendimento, podemos dizer que os seres dessa região possuem um equilíbrio entre sentimentos de maldade e de bondade.

Céu astral ou Devakan: nessa região vivem todos os seres correspondentes aos sentimentos mais sublimes como, por exemplo, o amor, a bondade, a alegria, a felicidade, a compaixão, a coragem, a confiança, a beleza, etc. Nela habitam também todos os demais seres das regiões anteriores, porém em quantidade infinitamente menor.

Na dimensão astral nenhuma entidade pode nos prejudicar ou exercer influência sobre nós enquanto estivermos nela, exceto se tivermos medo. Portanto, esse é o sentimento que mais devemos aprender a controlar.

A coisa mais importante que ocorre na dimensão astral, e que pode nos ajudar, é que ela antecede a dimensão física. Portanto, tudo o que acontece na dimensão física, primeiro ocorre na dimensão astral e, conhecendo a realidade astral, podemos tirar proveito, já que isso nos leva às experiências de sonhos de pressentimentos e premonições.

Dimensão Mental

A dimensão mental é composta de um tipo de matéria que chamamos de física mental, mais sutil do que a que compõe as dimensões física, vital e astral e, por esse motivo, não a enxergamos. Nossos pensamentos têm o poder de moldar essa matéria e compor formas e estruturas mentais, as quais estão interligadas na dimensão mental.

A dimensão mental interpenetra as dimensões física, vital e astral, e isso significa que todas essas dimensões coexistem simultaneamente.

Quando morremos, ou todos os dias enquanto sonhamos e saímos em viagens mentais, deixamos nossos corpos físico e vital na dimensão física e vamos para a dimensão astral, depois para a dimensão mental e, em seguida, para a espiritual. Portanto, para quem deseja se tornar um mago dos sonhos ou entender o que vai acontecer após a morte, é fundamental compreender como funciona a dimensão mental.

A dimensão mental antecede as dimensões física, vital e astral; nesse caso, tudo o que acontece nessas dimensões primeiramente acontece na dimensão mental.

Não há nada no mundo físico que não tenha sido antes pensado. Tudo que já existiu, existe e vai existir, existe no mundo mental primeiro.

Na dimensão mental a matéria mental está subdividida em quatro regiões:

Jnférios ou inferno mental: essa é a região onde residem os pensamentos pesados, incrédulos, incoerentes, fanáticos, imprecisos, burros, cretinos, idiotas, imbecis, ignorantes, preconceituosos e assim por diante. Todas as coisas que estão relacionadas a esses tipos de pensamento estão localizadas nessa região.

Purgatório mental inferior: essa região é parecida com o nosso mundo físico em relação aos erros, à ignorância, aos preconceitos, etc. É equivalente às condições médias da humanidade. Quando estamos nessa região, não podemos refletir sobre ignorância extremada, por exemplo, ou fanatismo, como na região anterior. Nessa região temos um pouco mais de lucidez, embora ainda encontremos o erro, a ignorância, os fanatismos, os dogmas, etc. Essa região representa o que de pior temos na humanidade em relação às capacidades e resultados expressados pelos pensamentos.

Purgatório mental superior: nessa região existe muito mais clareza de pensamento. Há erros, ignorância, fanatismos e tudo o mais das regiões anteriores; aqui, temos muito mais pensamentos claros e precisos do que ruins.

Céu astral ou Devakan: Nessa região predominam os pensamentos claros, precisos, coerentes, lógicos, criativos, etc. Temos, também, aqui, todos os demais tipos de pensamentos ruins; entretanto, são tão poucos que quase não podem ser percebidos.

Outra característica da dimensão mental é o fato de termos muitas leis, como, por exemplo, a lei da evolução, a lei de causa e efeito, a lei dos ciclos ou de volta a forma e a lei da semelhança, que é a que detalharemos agora por se tratar da lei mais importante a fim de que entendamos os sonhos.

Observem que pessoas inteligentes atraem pessoas inteligentes, pessoas cultas atraem pessoas cultas, pessoas sensíveis atraem pessoas sensíveis, pessoas bondosas atraem pessoas bondosas, pessoas ignorantes atraem pessoas ignorantes, pessoas incultas atraem pessoas incultas, pessoas ruins atraem pessoas ruins, pessoas maldosas atraem pessoas maldosas. Capitalistas atraem capitalistas, comunistas atraem comunistas, socialistas atraem socialistas e, principalmente, pensamentos negativos atraem pensamentos negativos e pensamentos positivos atraem pensamentos positivos. Veja, quando uma pessoa tem compulsão mental por alguma coisa, essa compulsão poderá se tornar uma obsessão e, posteriormente, possessão e, naturalmente, essa pessoa acabará ficando possuída pela coisa que tanto pensa ou deseja.

Por exemplo, se uma pessoa tem um pensamento de suicídio, esse pensamento é emanado de sua aura mental e acaba atraindo um pensamento equivalente de outra pessoa ou pensamentos relacionados a isso que existem na dimensão mental. O que ocorre é que esses pensamentos terminam por grudar em sua aura mental e tornam-se, então, mais fortes e começam a exercer influência sobre a pessoa. Quando isso acontece, sua aura mental fica totalmente envolvida de Manas rupas, que são formas de pensamentos negativas, e, então, o indivíduo começa a pensar ainda mais em suicídio e pode até terminar se matando.

Outro exemplo, agora, pelo lado positivo: uma pessoa está no mundo das drogas ou da bebida, de repente vai a uma igreja evangélica e aceita Jesus. Então, ela começa a frequentar, constantemente, a igreja e para de usar drogas, para de beber e começa a ler a bíblia. Depois de algum tempo, a pessoa começa a falar de Jesus, primeiramente para sua família, depois para seus amigos e, em seguida, a todo mundo que encontra, ou seja, essa pessoa inicia um processo de compulsão por Jesus Cristo. Em um dia fala duas vezes, no outro fica obcecada e põe-se a falar mais de cem vezes, até que, em um belo dia, começa a pensar que é o próprio Jesus Cristo. Pronto, é isso que acontece, essa pessoa ficou possuída por Jesus Cristo. Ou seja, uma coisa que era boa acabou se tornando ruim.

A conclusão a que podemos chegar a respeito disso é que nunca devemos ter compulsão, nem obsessão, por nada. Temos de nos controlar. Portanto, a melhor maneira de não chegarmos a esse ponto é perceber rapidamente que estamos ficando obcecados e mudar de atitude instantaneamente.

O caminho ideal para nunca chegarmos à possessão é darmos uma finalidade para tudo aquilo pelo que lutamos. Quando fazemos isso, nos esvaziamos e, assim, podemos lutar por outras coisas. Por exemplo: alguém começa a estudar; termina uma faculdade e inicia outra, termina essa outra e, não satisfeito, começa uma terceira, depois uma quarta, em seguida uma quinta e acaba entrando em um diletantismo mental. Qual seria a maneira de evitar isso? Uma boa maneira seria se essa pessoa passasse a ensinar tudo o que aprendeu; se fizer isso, estará dando uma finalidade aos estudos que obteve esse tempo todo, e, assim, ela se esvaziará e evitará a possessão.

Vigie seus pensamentos e você não precisará se preocupar com seus sonhos.

Dimensão Espiritual

A dimensão espiritual não tem forma. É aonde vamos enquanto dormimos, quando entramos em estado de sono profundo e é onde permanecemos por muito pouco tempo. Seres evoluídos ficam por um período maior, mas não muito; digamos que entre dez e 15 minutos, enquanto os seres menos evoluídos permanecem somente alguns poucos minutos ou até mesmo alguns segundos.

Se a dimensão espiritual não tem forma, podemos dizer que o espírito também não tem; por isso, quando as pessoas dizem que viram um espírito, essa afirmação não está totalmente correta. Isso ocorre porque a grande maioria confunde alma com espírito. A alma é mortal e material, enquanto o espírito é imortal e imaterial.

Quando morremos, nossa alma, que é o conjunto dos nossos sentidos, de nossos sentimentos, de nossas emoções, de nossos instintos e do nosso pensamento, vai para o astral, onde ficará por determinado tempo para, depois, ser desmanchada. Logo após, nosso corpo mental, que é composto de nossos pensamentos, irá para a dimensão mental, onde ficará por determinada duração de tempo para, em seguida, também ser desmanchado. Restará, então, o nosso espírito, que irá para a dimensão espiritual e depois retornará à vida e cumprirá mais um ciclo de evolução. Isso significa que nunca existiu um Mestre Gabriel antes e nunca existirá outro após a minha morte, porque nossa personalidade é única e será desmanchada logo após a nossa morte. Somos, hoje, o resultado, em termos de consciência, de todas as nossas vidas anteriores, mas, em termos de personalidade, somos apenas o resultado do que fomos nesta vida.

Outra propriedade da dimensão espiritual é ser a dimensão da verdade, um lugar onde mal é mal e bem é bem e ponto final. Portanto, para quem pretende se tornar um mago dos sonhos, é importantíssimo conhecer essa dimensão.

Viagens Físicas

A habilidade de sonhar está diretamente ligada às nossas sete capacidades mentais, e tudo que fizermos para ampliar essas capacidades, na dimensão física, fortalecerá o nosso processo de sonhar e, consequentemente, sonharemos muito mais.

Buscar experiências que desenvolvam nossas capacidades mentais é essencial, e um bom exemplo é viajar; essa atividade desenvolve praticamente todas as nossas capacidades mentais, pois é um dos tipos de vivência mais enriquecedor que existe. Quando ficamos dentro de casa, sentados no sofá, assistindo à televisão, por exemplo, bloqueamos a nossa habilidade de ter vários sonhos em uma noite.

Podemos aprender muito mais viajando ao redor do mundo durante um mês do que estudando em uma faculdade em um período de quatro anos, sem contar que viajar é tudo de bom. Portanto, percorrer diversos lugares, conhecer outras culturas, vivenciar situações diversas é uma ótima fonte de inspiração para sonhar e para desenvolver nossas capacidades mentais.

Quando viajamos, principalmente para outros países, fortalecemos nossa capacidade sensória, pois estimulamos nossos órgãos dos sentidos, como, por exemplo, a visão. Isso ocorre porque visualizaremos muitas coisas diferentes e consequentemente traremos essas experiências para dentro de nós.

Outra situação interessante é conversarmos com pessoas de países distintos; quando isso acontece, desenvolvemos nossa capacidade auditiva com muito mais facilidade. É extremamente comum para quem fala só um pouco de inglês não entender quase nada da linguagem quando chega a um país estrangeiro. Entretanto, como por encanto, em uma ou duas semanas, essa pessoa já está entendendo a maioria das palavras, ainda que há pouco tempo não compreendesse muita coisa.

Viajando por localidades diferentes é comum sentirmos os aromas dos ambientes por onde passamos. Os aromas de certos lugares são tão característicos que ficam para sempre registrados em nossas lembranças. E o que dizer do prazer em provar a culinária típica de cada país, que estimula e refina nosso paladar.

É difícil descrever quanto o contato com outras culturas desenvolve nossa sensibilidade e nosso tato. Mas uma coisa é certa, esse progresso é tão evidente que, quando viajamos com frequência, nos tornamos pessoas muito mais compreensivas e sensíveis.

Existem outras maneiras de estimular sua habilidade de sonhar, mas, se você quiser sonhar muito, principalmente acordado, viaje; sem dúvida, isso fará com que você desenvolva sobremaneira a sua capacidade de ter muitos sonhos.

Viagens Astrais

Viagem astral é o nome que se dá às nossas experiências extracorpóreas, ou seja, quando nossos corpos astral e mental deixam nosso corpo físico e viajam para outros planos. Existem diversas correntes de pensamentos que explicam esse fenômeno de maneiras totalmente diferentes desta, portanto é quase certo que esta visão poderá conflitar com a maioria delas. Trataremos aqui apenas das viagens astrais que acontecem enquanto estamos dormindo, já que nosso intuito é apenas explicar o mecanismo dos sonhos.

Como já mencionei, normalmente podemos ter de quatro a cinco experiências extracorpóreas durante o sono, sendo que os estudos demonstram que a maioria dessas experiências acontece na segunda metade do sono, ou seja, quando estamos na melhor parte, e sonhando. Quando chegamos nesse ponto, usualmente somos obrigados a acordar para trabalhar, talvez sendo por essa razão que tanta gente deteste acordar cedo. Eu, particularmente, considero um crime ter de acordar antes da hora. Mais à frente, no capítulo em que ensinarei como se lembrar dos sonhos, darei uma dica infalível sobre o que fazer para se lembrar deles nesse momento em que estamos acordando.

A melhor maneira de explicar como saímos do corpo, de uma forma que todos possam entender, é falar sobre um tipo de sensação que quase todos já tivemos. Por exemplo, estamos dormindo e começamos a sonhar. Em determinado momento, tentamos mover os braços e não conseguimos; tentamos gritar para que alguém venha nos ajudar e, também, não conseguimos; parece que estamos paralíticos. Isso ocorre porque entramos em um estado que chamamos de catalepsia, ou seja, perdemos a capacidade de nos movimentar, ficando totalmente paralisados. Isso pode ser muito perturbador para a maioria das pessoas. Esse fenômeno acontece quando nossa alma começa a sair pelos pés, ou seja, a cabeça ainda está em atividade, pensando, porém as outras partes do corpo já o deixaram. Nesse momento, conseguimos ainda pensar, mas não somos mais capazes de movimentar as outras partes do corpo, pois elas já saíram. Entretanto, quando a alma sai pela cabeça, é muito mais tranquilo, porque a mente também saiu, e então não temos essa sensação de paralisia.

Ao sairmos do corpo ficamos presos por um cordão mais ou menos da grossura de um polegar. Esse cordão é extensível e nos permite viajar por milhares, e até por milhões, de quilômetros. Se me perguntassem até onde poderíamos ir enquanto sonhamos, eu diria que para qualquer lugar dentro do sistema solar, mas pode ser que não haja limitações. Esse cordão é o elo entre os nossos corpos físico e vital, que ficaram na cama, e o nosso corpo astral que está fora, a apenas alguns centímetros ou a centenas de milhares de quilômetros. Qualquer coisa de estranho que aconteça conosco no mundo físico, ou próximo a nós, que possa nos prejudicar, somos rapidamente avisados por esse cordão e puxados de volta para dentro do nosso corpo. Explicaremos isso mais detalhadamente ao falarmos sobre os sonhos de origem astral. Sobre a morte, o que a determina é o rompimento desse fio.

Pessoas medrosas, apegadas a coisas materiais, fazem viagens astrais curtinhas; muitas vezes, ficam pertinho do corpo ou no máximo atravessam a parede e vão para outro cômodo ou para a casa do vizinho. Pessoas espiritualizadas ou curiosas viajam para qualquer lugar, para qualquer dimensão ou até mesmo para qualquer planeta.

Possuímos sete chacras principais localizados ao longo do nosso corpo físico: o básico ou raiz, o umbilical, o esplênico, o cardíaco, o laríngeo, o frontal e o coronário. A proposta deste livro não é explicar o funcionamento de cada um deles, porém o importante para entendermos o processo dos sonhos, é saber que esses chacras, além de estarem no nosso corpo físico, também estão no nosso corpo astral.

Quando saímos do corpo, estamos envoltos pelo que chamamos de ovo áurico astral. Para entender melhor como seria o ovo áurico astral, podemos dizer que, se estendermos os braços para cima, para os lados e subirmos em um banquinho, ficarmos de cócoras e esticarmos os braços para baixo, ele teria mais ou menos essas dimensões.

Quando saímos do corpo, podemos fazer dois tipos de viagens astrais. Se sairmos pelo chacra umbilical físico, estaremos dentro do ovo áurico astral; nesse caso, todos os sonhos que tivermos estarão relacionados com a nossa própria realidade. Caso a nossa saída seja pelo chacra umbilical astral, todos os nossos sonhos estarão relacionados com o verdadeiro mundo astral ou mundo dos desencarnados e, nesse caso, poderemos ter experiências maravilhosas, enriquecedoras, diferentes ou totalmente estapafúrdias. Mais à frente, quando falarmos sobre os sonhos de origem astral, isso ficará mais claro.

Viagens Mentais

Viagem mental é o nome que se dá às nossas experiências extracorpóreas, quando nosso corpo astral, com o nosso corpo mental, deixa o corpo físico e viaja para a dimensão astral, onde o corpo astral permanece. Já o corpo mental, desprende-se e viaja para o vastíssimo mundo mental.

Quando mencionamos sobre as viagens astrais anteriormente, falamos apenas daquelas que acontecem enquanto estamos dormindo, mas, no caso das viagens mentais, consideraremos, também, aquelas que ocorrem enquanto estamos acordados, absorvidos por nossos pensamentos.

Como já dissemos, tudo que existiu, existe e vai existir primeiro surgiu no pensamento, portanto existe inicialmente no mundo mental para, depois, ser materializado no mundo físico. Não há nada neste mundo que não tenha sido antes pensado, e é por essa razão que devemos, constantemente, policiar nossos pensamentos para não construirmos no mundo mental aquilo que não gostaríamos de ver materializado.

Imagine, agora, quão importante é viajarmos para um mundo onde existe tudo que já existiu, tudo que existe e tudo que vai existir. Se você imaginou, deve ter chegado à conclusão de que o mundo mental é onde podemos encontrar praticamente tudo aquilo que procuramos, isso ocorrendo, porque esse mundo é o mundo das ideias. É por isso que, quando você tem uma ideia e não a põe em prática, acaba descobrindo mais tarde que alguém a colocou. As únicas respostas que você não encontrará no mundo mental são aquelas que ainda estão no mundo espiritual.

O processo de saída do corpo quando estamos prontos para fazer uma viagem mental é semelhante ao que acontece no momento em que vamos sair para uma viagem astral.

Da mesma maneira que temos em nossos corpos físico e astral os sete chacras principais – básico ou raiz, umbilical, esplênico, cardíaco, laríngeo, frontal e coronário – nós os temos, também, no nosso corpo mental. A diferença é que, ao fazermos uma viagem mental, em vez de sairmos pelo chacra umbilical, saímos pelo chacra cardíaco.

Quando saímos para uma viagem mental, nosso corpo fica envolto pelo que chamamos de ovo áurico mental, e suas dimensões são semelhantes às do ovo áurico astral.

Enquanto sonhamos, podemos ter dois tipos de viagem mental: quando saímos pelo nosso chacra cardíaco físico e ao sairmos pelo chacra cardíaco astral. Quando deixamos nosso corpo pelo chacra cardíaco físico, ficamos dentro do ovo áurico mental; nesse caso, todos os sonhos que tivermos estarão relacionados com a nossa própria realidade. Caso a nossa saída seja pelo chacra cardíaco astral, todos os nossos sonhos estarão conectados com o vastíssimo mundo mental, ou mundo dos pensamentos. Sendo assim, teremos sonhos verdadeiramente importantes, acerca dos quais falaremos mais à frente, quando discorrermos sobre os sonhos de origem mental.

O cérebro é um órgão que faz parte de seu corpo, estando localizado dentro da sua cabeça; porém, a sua mente é uma coisa completamente diferente, ela pode estar em qualquer parte de seu corpo e, principalmente, no mundo mental, que é o mundo dos pensamentos.

Você tem a possibilidade de viajar para o mundo mental de várias maneiras: dormindo em viagem mental; acordado, enquanto, propositalmente, pensa, etc. Entretanto, a melhor maneira de viajar conscientemente para o mundo mental é por intermédio da meditação.

No capítulo em que falaremos sobre os sonhos de origem mental, você compreenderá quanto as viagens mentais são importantes e como foram e são a fonte do conhecimento de muitas pessoas famosas.

Viagens Espirituais

Viagens espirituais são experiências extracorpóreas que, em termos de processo, são semelhantes às viagens astrais e mentais. A diferença é que, enquanto nas viagens astrais nossos corpos astral e mental saem pelo chacra umbilical e nas mentais saem pelo chacra cardíaco, nas viagens espirituais saímos pelo chacra laríngeo.

Viajamos para a dimensão espiritual a fim de recarregarmos nossa bateria, para mantermos viva nossa consciência e adquirirmos mais consciência, retomando nossa motivação para viver.

Saber como entrar conscientemente na dimensão espiritual é o conhecimento que todo ser humano deveria almejar, porque, como essa dimensão é a da verdade, ela nos dá a possibilidade de desenvolver a intuição.

A meditação é uma das práticas que melhor nos prepara para adentrar na realidade espiritual.

Mais adiante, quando falarmos sobre os sonhos de origem espiritual, ficará ainda mais clara a importância de viajarmos para essa dimensão.

Sonhando Acordado

Quando estamos sonhando acordados, fazemos nada mais, nada menos, do que viajar para o vastíssimo mundo mental ou mundo dos pensamentos, que é onde todas as coisas são construídas primeiro. Nessa fase de sonhar acordado, desenvolvemos uma de nossas maiores capacidades mentais: a capacidade imaginativa ou a habilidade que temos de construir os eventos usando a matéria mental. Todas as coisas são estabelecidas no mundo mental primeiro para depois serem materializadas no mundo físico.

As grandes obras da humanidade foram idealizadas por grandes sonhadores. O mundo é dos sonhadores. Não é por acaso que você já deve ter ouvido falar que sonhos se realizam. Imagine um avião, um navio, um carro, uma motocicleta, um foguete, o rádio, a televisão ou a internet. Todas essas coisas, antes de existirem, foram concebidas na mente de alguém; portanto, construídas primeiramente no plano mental.

Quem não sonha com um apartamento maravilhoso, não terá esse apartamento. Quem não sonha com aquele carrão, não terá aquele carrão. Quem não sonha com aquela linda garota ou com aquele garoto bonitão, não os terá; quem não sonha com aquela família ideal, nem com filhos maravilhosos, não os terá.

Nada acontece por acaso, o acaso não existe; portanto, sonhe de maneira que você construa sua vida do jeito que você deseja.

O desejo ardente é o combustível do sonhador, sem o qual você nunca terá motivação nem força suficientes para enfrentar todos os obstáculos que encontrará pelo caminho até que seu sonho se realize.

Segundo meu escritor favorito, Napoleon Hill, "toda a realização, toda a riqueza ganha, tem seu início numa ideia". Ele também revela que "uma ideia sensata é tudo o que necessitamos para alcançar sucesso".

O inventor Thomas Edson disse certa vez que "aprendera, em longos anos de experiência com os homens, que, quando realmente alguém deseja uma coisa tão intensamente, a ponto de jogar todo o futuro em uma simples jogada, para consegui-la, não poderá deixar de ser bem-sucedido".

Nesse ponto, eu pergunto: será que você, em algum momento de sua vida, já teve uma ideia sensata, mas não a executou? E por que não a realizou?

Talvez sua ideia realmente tenha sido sensata e boa, mas pode ser que o desejo não fosse ardente e, por isso, você a deixou de lado. Mas por quê?

Alguns dirão: "Fiquei com medo" ou "Eu tinha que deixar o meu emprego", ou "Não dava para eu fazer duas coisas ao mesmo tempo", ou, ainda, "Eu não tinha nenhuma garantia que iria dar certo". "E se eu falhasse? O que meus amigos diriam?"

O ponto é quanto você se arriscaria para realizar seu sonho. Nada é de graça. Até onde iria sua fé?

O grande pensador Ralph Waldo Emerson afirmou: "Todo o curso das coisas serve para ensinar-nos fé, basta-nos obedecer.

Há orientação para todos nós, e se ouvirmos com humildade, escutaremos a palavra certa".

Napoleon Hill, que escreveu *A Lei do Triunfo*, entre outras grandes obras, relatou: "O desejo ardente de ser e de fazer é o ponto inicial do qual deve partir o sonhador. Os sonhos não nascem da indiferença, do ócio ou da falta de ambição".

A conquista de um sonho é o resultado de um desejo ardente materializado em sua vida em determinado espaço de tempo, por consequência de ações contínuas em sua direção.

O sonho é o desejo de sua alma. Isso significa que não o realizar é fracassar completamente. Todo indivíduo que não realiza seus sonhos sente um vazio que não consegue explicar durante sua vida.

O sonhador é vibrante, cheio de vida e tem um brilho diferente no olhar; tem algo inexplicável que contagia e cativa todos ao seu redor, fazendo com que confiem nele mesmo sem saber por qual razão.

Se você não tem um desejo ardente por determinada coisa, definitivamente você não tem um sonho. Normalmente o sonho é algo que você não consegue tirar da mente, como uma paixão sem a qual parece que você não consegue viver. Sonho é uma obsessão consumidora.

O que você está disposto a fazer por seu sonho? Quando eu decidi viver do Kung Fu, a primeira coisa que fiz foi abandonar a faculdade. A segunda foi criar o logotipo da minha empresa e a terceira foi, durante seis meses, trabalhar todas as madrugadas desenvolvendo o sistema que iria controlar a minha academia. A quarta foi, finalmente, montar a academia e, por último, abandonei a minha profissão tradicional de Analista de

Sistemas para me dedicar de corpo e alma à realização do meu sonho. Eu sabia o que queria, acreditava que iria conseguir e que merecia ser bem-sucedido. Paguei o preço, ou seja, tive um desejo ardente, vivi para isso e realizei meu sonho.

Se o desejo ardente é o combustível do sonhador, a fé é o que o mantém no caminho da conquista. Quantas vezes você pensou em fazer alguma coisa e a fé lhe faltou? Quantas vezes você teve uma ideia brilhante e foi pedir a opinião de um parente ou amigo, e essa pessoa destruiu seu sonho, e você voltou para casa mais para baixo do que a barriga de uma cobra na trilha de uma carroça, no fundo do Grand Canyon? É o que acontece quando não se tem fé. A fé é um estado de consciência que pode ser induzida por autossugestão, como veremos mais adiante.

Nada contra se aconselhar com pessoas mais experientes, afinal nunca seremos bons o suficiente em tudo; na verdade sempre seremos medíocres na maioria das coisas. A questão não é essa, mas, sim, a razão pela qual você foi pedir opinião. Esse ato, de buscar a apreciação de outra pessoa com relação à sua ideia, só tem um fundamento, que é a pura falta de fé, e isso não pode acontecer. O conselho é outra coisa, pois conselhos são muito bem-vindos, até os compramos de consultores. Agora, opinião não; se opinião valesse realmente alguma coisa, não seria gratuita, nem seria dada por qualquer um.

Quantas decisões você deixou de tomar por falta de fé? Quantas vezes você disse: "Tenho de perguntar para minha esposa ou meu esposo e ver o que ela, ou ele, acha".

Você sabia que a fé é um estado de espírito que pode ser induzido ou criado por afirmação ou instrução repetida ao subconsciente por meio do princípio da autossugestão? E que esse é o único método conhecido de desenvolvimento voluntário da fé?

Se a fé é induzida ou criada por afirmação ou instruções repetidas ao subconsciente pelo princípio da autossugestão, isso significa dizer que aqueles que fracassam e terminam a vida na pobreza, na infelicidade e no desespero, acabam assim por causa da aplicação negativa do princípio da autossugestão. O que me leva a perguntar-lhe o seguinte: o que você pensa repetidas vezes na maior parte de seu dia, principalmente quando está sozinho?

Acho que você já deve ter ouvido falar daquele velho ditado que diz: "Mente vazia, oficina do diabo". Resolva, a partir de agora, policiar seus pensamentos, autossugerindo apenas pensamentos criadores e positivos. Lembre-se de que a mente humana não distingue a realidade da fantasia e é por isso que temos de policiar nossos pensamentos.

Que tipo de instruções você dá à sua mente na maior parte do tempo enquanto está sozinho? Será que você pensa: "Não será possível eu montar esse negócio, porque eu não tenho dinheiro"; "Como vou poder montar esse negócio se ganho pouco e não sobra nada para eu guardar?"; "Como poderei conseguir esse dinheiro se ninguém me reconhece?"; "Como arrumarei esse dinheiro se ninguém gosta de mim?"; "Como conseguirei fazer isso se ninguém me dá oportunidade?"; "Ninguém me ajuda, todos estão contra mim, todos estão agindo mal comigo"; "Meu chefe não enxerga nada. Com essa pessoa isso nunca vai mudar"; "É bobagem eu fazer isso, não dará certo, porque eles não entendem o meu ponto de vista. Eles não sabem que sou melhor do que eles".

Napolleon Hill disse: "Todos os pensamentos emocionalizados (aos quais se deu sentimento, sejam eles negativos ou positivos) e misturados à fé, começam, imediatamente, a traduzir-se em seu equivalente físico ou cópia"; então, nesse caso, acho que seria sábio policiarmos nossos pensamentos. Se pudéssemos não pensar, eu diria que seria melhor do que pensarmos bobagem.

Veja, mais abaixo, um texto que saiu na revista *Superinteressante* que comprova, cientificamente, a força da sugestão e da crença.

A mente humana grava e executa tudo que lhe é enviado, por palavras, pensamentos ou atos, seus ou de terceiros, sejam eles positivos ou negativos, basta que você os aceite. Essa ação sempre acontecerá independentemente de trazer ou não resultados positivos para você.

"Um cientista de Phoenix Arizona queria provar essa teoria e precisava de um voluntário que chegasse às últimas consequências; desta forma, conseguiu em uma penitenciária um condenado à morte, que seria executado na cadeira elétrica.

O cientista lhe propôs o seguinte: ele participaria de uma experiência científica, na qual seria feito um pequeno corte em seu pulso, suficiente para gotejar seu sangue até a última gota. Ele teria uma chance de sobreviver, caso o sangue coagulasse.

Se isso acontecesse, ele ganharia a liberdade; caso contrário, iria falecer pela perda do sangue, porém teria uma morte sem sofrimento e sem dor.

O condenado aceitou, pois era preferível isso a morrer na cadeira elétrica, e ainda teria a chance de sobreviver. O corte foi superficial e não atingiu nenhuma veia ou artéria, mas foi suficiente para que ele sentisse o pulso sendo cortado. Sem que soubesse, debaixo de sua cama tinha um frasco de soro com uma pequena válvula. Ao cortarem seu pulso, abriram a válvula do frasco para que ele acreditasse que era o sangue dele que estava pingando na vasilha de alumínio. Na verdade, era o soro do frasco que gotejava. De dez em dez minutos, o cientista, sem que o condenado visse, fechava um pouco a válvula do frasco e o gotejamento diminuía. O condenado acreditava que era seu sangue que estava diminuindo e, assim, com o passar do tempo, foi perdendo a cor e ficando cada vez mais pálido. Quando o cientista fechou a válvula, teve uma parada cardíaca e morreu, sem ter perdido uma única gota de sangue."

Esse cientista conseguiu provar que a mente humana cumpre, ao pé da letra, tudo que lhe é enviado e aceito pela pessoa, seja positivo ou negativo, e que sua ação envolve todo o organismo, quer seja na parte psíquica, quer seja na parte orgânica.

Essa pesquisa é um alerta para filtrarmos o que enviamos à nossa mente, pois ela não distingue o real da fantasia, o certo do errado, mas simplesmente grava e executa o que lhe é enviado.

Sonhar é tão importante e fantástico que apresento, a seguir, dez razões para incentivá-lo a se tornar um sonhador:

Sonhos se realizam: pense consigo mesmo em todas as coisas que você tem hoje ou no que você se tornou, e tenho certeza absoluta de que vai chegar a uma única conclusão. O que você tem, ou o que você é, aconteceu, porque em algum momento de sua vida você pensou nisso, ou seja, nunca realizará ou nunca será aquilo que nunca pensou. Pode ser que muitas das coisas que você pensou nunca se realizaram, mas o fato é que tudo o que realizou você um dia imaginou. Eu me propus a escrever este livro para ensinar-lhe o mecanismo dos sonhos, tanto dos sonhos que você sonha enquanto está acordado quanto daqueles que você sonha enquanto está dormindo. Meu intuito é que você, compreendendo o mecanismo dos sonhos, seja capaz de se tornar um mago dos sonhos, realizando tudo aquilo que você realmente deseja. Relembro, aqui, o que Napoleon Hill disse em seu livro, o best-seller *Pense e Enriqueça*: "Tudo que a mente humana pode conceber e acreditar poderá alcançar".

O sonho lhe dá entusiasmo: entusiasmo significa ter Deus dentro de si. Quando estamos entusiasmados, todas as nossas expressões verbais e corporais agem congruentemente, gerando um poder incrível e nos tornando capazes de convencer qualquer indivíduo a nos seguir ou a nos ajudar.

O sonho lhe dá motivação: motivação é o ato de motivar. Motivar é dar motivos, e motivo é aquilo que move, que serve para mover, que é movente ou que é motor. Portanto, podemos dizer que a motivação é o motor que move nossa vida, nossos sucessos ou fracassos; nossas dores, nossas tristezas, nossas alegrias e tudo aquilo que queremos conquistar.

Motivação também é dar motivos para a ação. Sendo assim, motivação é uma espécie de energia interior que nos ativa psiquicamente, que nos coloca em funcionamento na vida e em estado de fluxo, ou seja, motivação é aquilo que nos impulsiona para uma determinada ação.

A motivação é uma força que ativa a energia psíquica e que movimenta o organismo humano, provocando um determinado comportamento.

Podemos considerar que a motivação é uma das coisas mais importantes em nossa vida, pois ela nos ajuda a lutar, estimula-nos a vencer, leva-nos a ter sucesso e a dominar o nosso destino; faz-nos conquistar nossas metas, nossos objetivos e nos incita a buscar nosso propósito de vida.

Motivação é a coisa mais importante que norteia os nossos sucessos e as nossas realizações, porque é a mãe de todas as realizações e o que comanda todo o processo da nossa evolução. Nesse caso, podemos dizer que uma pessoa sem motivação não vale nada, não chega a lugar nenhum. Por isso o sonho é importante, pois é um dos maiores fatores de motivação.

O sonho lhe dá saúde e energia: quando se tem um sonho, nenhum obstáculo é problema. A pessoa que tem um sonho normalmente possui muita saúde e muita energia, ela está sempre de bom humor e disposta a seguir em frente.

O sonho lhe dá esperança: a esperança é um dos principais fatores que fazem com que alguém continue a trilhar determinado caminho até concluir sua meta ou seu objetivo. Sem esperança a desistência é certa.

O sonho prolonga a vida: o sonho nada mais é do que algo que você quer ter ou conquistar. Mas não é simples, normalmente é alguma coisa difícil de alcançar. Por isso, quem tem um sonho costuma ter, também, muita saúde e muita energia. É comum que a pessoa que tem um sonho viva muitos anos para poder ter o tempo necessário para conseguir aquilo que almeja.

O sonho lhe dá confiança: a pessoa que tem um sonho fala e anda com firmeza, com os ombros erguidos e olhando para a frente, como se estivesse sempre indo para um evento importante. A pessoa que tem um sonho tem confiança, brilho no olhar e um magnetismo pessoal que atrai os demais.

O sonho desenvolve a persistência: é impossível ser persistente quando não se tem algo pelo que lutar. Quanto maior for o sonho de uma pessoa, maior será seu nível de persistência.

O sonho lhe dá disciplina: para que serve a disciplina se o indivíduo não tem nada a conquistar? Somente um sonho grande faz com que alguém, mesmo fazendo frio ou chovendo, ou diante de um convite irrecusável para ir a uma festa, não se importe com nada disso e levante cedo para trabalhar com um único objetivo: o de conquistar seu sonho.

O sonho lhe dá responsabilidade: um sonhador não foge às suas responsabilidades, ele faz o que tem de ser feito para conquistar seu sonho. Não ter responsabilidade é típico de pessoas medíocres. Todo medíocre aguarda ansioso por um telefonema de algum amigo para convidá-lo a uma festa ou à praia, assim ele terá uma desculpa para escapar de suas obrigações ou para não pensar no que deveria fazer.

Para conquistar aquilo que deseja, primeiro você precisa ter um sonho; portanto, se ainda não o tem, precisa encontrá-lo. Depois, é necessário que você desenvolva um desejo ardente; elimine os conflitos dentro de si, ou seja, você deve achar que merece aquilo que deseja, deve acreditar que pode conquistar seu prêmio e precisa estar disposto a pagar o preço e a fazer o que as demais pessoas não fazem: cumprir suas metas, conquistar seu sonho e, depois, desfrutar da sua conquista sem remorso.

O sonho traz muitos benefícios e, para desenvolvermos nossa capacidade de sonhar, não existe nada mais eficiente que ampliarmos as nossas sete capacidades mentais, principalmente a capacidade imaginativa.

Existe uma infinidade de ferramentas para desenvolvermos nossas capacidades mentais, mas há algumas que considero as melhores, e mais baratas, para aumentarmos nossa capacidade de sonhar: os áudio-livros e a leitura de livros motivacionais de grandes autores; outras ótimas alternativas são: escutar palestras motivacionais de profissionais que valham a pena, assistir a bons filmes e ouvir músicas que estimulam a nossa imaginação e, principalmente, juntar-se a outros sonhadores. Se você quiser voar alto, seja amigo das águias, não das galinhas.

Sonhos não se realizam por acaso

Todos os sonhos começam com um pensamento. Os pensamentos levam a sentimentos. Os sentimentos despertam emoções e as emoções conduzem à ação. Portanto, pensamentos pequenos levam a sentimentos fracos, que geram emoções fracas e não provocam ação nenhuma. Assim, sem um pensamento grande é impossível entrarmos em ação e sem ação não existe realização; consequentemente, sonhos que não levam à ação não são sonhos, são apenas fantasias, e fantasias não se realizam.

Os sonhos, para serem realizados, devem ser plantados, adubados e regados todos os dias. Isso significa que, quando você tem um sonho, cada dia que você deixa de agir para concretizá-lo, ele vai ficando cada vez mais distante e, consequentemente, você vai se desmotivando, até que ele se enfraquece e deixa de ser um sonho e você desiste, e não o realiza.

Não é à toa que existam tão poucos sonhadores. Sonhos não se realizam por acaso; para concretizá-los é preciso tempo, muito esforço e trabalho, ação contínua e persistência eterna.

A sensação de realizar um sonho é indescritível. Quando materializamos um grande sonho e olhamos para trás, para o tempo que demorou e o esforço que tivemos em comparação com o que conseguimos, sempre chegamos à conclusão de que foi muito pouco tempo e de que foi apenas um pequeno esforço. Você acha, por exemplo, que Joanne Rowling, que durante quatro anos escreveu o *best-seller Harry Potter* e se tornou bilionária, pensou, depois disso, que não valeu a pena porque demorou muito tempo e teve muito esforço? Claro que não. Certamente ela deve ter pensado que foi muito pouco tempo e muito pouco esforço pelo que alcançou, afinal, além de ela ter ficado famosa, seu esforço lhe rendeu uma fortuna tão grande que, talvez, nem que queira, ela consiga gastar toda a sua riqueza.

Uma coisa é certa, existe uma força estranha e não explicável que, à medida que você coloca mais tempo, mais esforço, mais trabalho, mais ação e mais persistência em direção a seu sonho, faz com que as pessoas e as coisas de que você precisa para seu sonho se realizar comecem a aparecer de repente, como que por mágica.

Somos seres espirituais passando por uma experiência material como parte de nosso processo de evolução; portanto, é muito importante que, nesta vida material, possamos ser ricos materialmente, para que aproveitemos essa experiência em toda a sua plenitude, caso contrário, estaríamos falhando com nossa obrigação evolutiva.

Sonhos de Origem Física

Sonhos de origem física são aqueles relacionados com a nossa capacidade sensória, ou seja, estão ligados aos nossos cinco sentidos: visão, audição, olfato, paladar e tato. A capacidade sensória é a maneira pela qual trazemos o mundo exterior para dentro do nosso mundo interior.

Se para termos um corpo forte precisamos cuidar de nossa saúde e fazer exercícios físicos, para desenvolvermos os nossos cinco sentidos, necessitamos, também, dar atenção à nossa saúde e exercitar cada um dos órgãos dos sentidos. Portanto, manter a saúde e cuidar desses órgãos é a melhor maneira de hipersensibilizarmos cada um deles, para que, com isso, consigamos trazer muito mais coisas do mundo exterior para dentro do nosso mundo interior e, consequentemente, facilitar o processo desse tipo de sonho.

Não existe maneira melhor para explicar os sonhos de origem física senão por exemplos. Pelos modelos, você entenderá o mecanismo desses sonhos e, a partir de então, conseguirá decifrá-los.

Desse modo, darei vários exemplos relacionados com cada um dos nossos cinco sentidos:

Visão: vamos supor que você passe o dia na praia, ou em um clube à beira da piscina, ou pescando com amigos num rio. Então, à noite, por exemplo, você sonha que caiu de um barco e está morrendo afogado. Nesse caso, você teve um sonho por aspectos visuais, relacionado com o sentido da visão; sua mente foi buscar em seu subconsciente o que existia de registro mais conexo com a água, consequentemente você acabou sonhando que estava morrendo afogado.

Outro exemplo é que você foi dormir e, lá pela madrugada, está armando um temporal e começa a relampejar. Você esqueceu a janela aberta e está dormindo com o rosto virado para a janela. Os fachos de luz dos relâmpagos começam a clarear seu rosto. Você não está vendo fisicamente, mas seu órgão de visão, por debaixo das pálpebras, percebe perfeitamente que uma luz forte está batendo em sua face. Nessa circunstância, você pode sonhar que foi preso, por exemplo, e que está sendo torturado por alguém que, com um ferro incandescente, tenta furar seu olho. Pode ser, também, que sua alma esteja lá na China em viagem astral, vamos supor. Seu corpo começa a enviar mensagens através do cordão que liga você à sua alma avisando que algo de errado está acontecendo com você lá na sua cama. Seu corpo faz isso para que você volte e resolva o problema. Então, antes que seu olho seja furado no momento em que você estava sonhando com a tortura, você acorda assustado e percebe que estava sonhando. O que aconteceu nesse caso foi o seguinte: a sua mente foi buscar em seu hipocampo o registro mais próximo relacionado com tortura, como, por exemplo, algum filme a que você tenha assistido no qual alguém foi torturado. Dessa maneira, foi gerado um sonho como forma de alerta, para que sua alma voltasse e você acordasse para fechar a janela por onde a chuva entrava.

Mais um exemplo relacionado ao sentido da visão: você está dirigindo e, de repente, vê uma cena muito forte: uma imagem de um motoqueiro todo ensanguentado caído na calçada ao lado da moto e sendo socorrido pelos paramédicos. Durante o dia, enquanto trabalha, você se sente muito mal e sua mente fica o tempo todo revivendo aquela cena como se fosse um filme. Chega à noite e você custa a pegar no sono, pois aquela cena continua viva em sua mente, corroendo o seu cérebro, até que você adormece. Madrugada adentro você começa a sonhar que é um piloto de moto dirigindo em alta velocidade. Está em uma corrida alucinante com dezenas de outros pilotos, quando, de repente, algo de errado acontece à sua frente e todas as motos começam a bater umas nas outras. Você tenta, desesperadamente, desviar dos destroços que estão à sua frente, até que em determinado momento você passa por cima de uma moto que estava caída e é arremessado para o alto em direção ao muro de proteção e, no momento exato em que vai se espatifar no muro, você acorda com o coração disparado e suando frio. Aquela cena que você visualizou quando estava dirigindo gerou esse sonho. É mais um exemplo de como o nosso sentido da visão pode trazer experiências externas para dentro dos nossos sonhos.

Audição: era noite de São João, você foi dormir e, lá pelas tantas, começa a sonhar que está em uma guerra dentro de uma trincheira, com dezenas de soldados. Granadas explodem muito próximo da trincheira e você escuta os tiros e os zumbidos das balas passando por cima da sua cabeça. Você vê fumaça e fogo para tudo quanto é lado, quando, de repente, você escuta um barulho estranho bem próximo, e isso lhe chama atenção por ser um barulho diferente dos que você tem escutado naquele momento. Então, quando você olha para o lado e vê um soldado com os miolos estourados, logo percebe que aquele barulho diferente foi o de uma bala atingindo o crânio dele e que ele está morto. Você fica apavorado, pensando que o próximo poderá ser você. Esse é um típico sonho de origem física por aspectos auditivos. Enquanto você dormia, sua alma não estava no seu corpo, mas seu ouvido funcionava normalmente. Os sons das granadas e das balas em seu sonho nada mais eram do que os fogos de artifício que estouravam lá fora por causa da noite de São João. Sua consciência, não sabendo o que estava acontecendo, começou a enviar mensagens à sua alma e isso acabou gerando esse sonho como uma forma de aviso para que você voltasse para ver o que estava acontecendo e resolvesse o problema, ou seja, para que percebesse que todo aquele cenário de guerra era apenas um sonho. O sonho sobre a guerra era o registro que você tinha em seu hipocampo mais próximo àquilo que estava acontecendo na realidade, os fogos de artifício.

Outro exemplo relacionado ao sentido da audição: você foi dormir e não fechou direito a torneira, a qual começou a pingar sobre uma tampa que estava dentro da pia. Aquele ruído dos pingos batendo na tal tampa começou a ficar intenso: "toc... toc... toc". Dormindo, você começa a escutar esse barulho estranho e sua consciência imediatamente vai buscar em seu hipocampo alguma coisa relacionada com esse tipo de estampido. Tal busca gera um sonho que pode ser o seguinte: você se vê, à noite, andando sozinho, em um beco escuro e começa a escutar passos logo atrás de você: "toc... toc... toc...". Você começa a ficar com medo e a andar mais rápido e percebe que o barulho fica mais intenso: "toc... toc... toc...". Então, no sonho, seu coração começa a bater forte e você começa a suar. De repente, percebe que está encurralado em um beco sem saída e, quando olha para trás, vê uma pessoa alta, magra e mal-encarada, com uma perna de pau e uma faca enorme na mão querendo matá-lo. Sem saída e prestes a morrer, você acorda. Tudo isso aconteceu em seu sonho em função do ruído da goteira na pia, que gerou um barulho similar aos passos da pessoa que o perseguia no sonho. É o sentido da audição trazendo situações do mundo exterior para o nosso interior. A seguir, mais um exemplo: você está dormindo e alguém entra em seu quarto e coloca no criado-mudo, a seu lado, um relógio despertador programado para tocar no horário que você precisa acordar. Adormecido, você começa a escutar aquele barulho "tique... taque... tique... taque...". Sua consciência vai até os registros no seu hipocampo buscar algo relacionado com esse tipo de barulho que faça sentido para você. Em seguida, você começa a sonhar que faz parte de um esquadrão antibombas, por exemplo, tentando desarmar uma bomba dentro de um prédio. No sonho, você está vestido com aquela roupa pesada com uma máscara, uma vestimenta característica do pessoal do esquadrão antibombas quando está em serviço. Você está tão amedrontado que, enquanto tenta descobrir qual fio cortar para desarmar a bomba, escuta as batidas do seu próprio coração, e você está suando muito dentro daquela máscara. Você tem poucos segundos para decidir qual fio cortar, caso contrário, todo mundo que está no prédio vai morrer, inclusive você. Já não há mais tempo, faltam apenas cinco segundos para o marcador do relógio da bomba chegar ao zero e explodir. Em desespero, você decide cortar o fio vermelho e "Bum!", a bomba explode e você acorda. O mecanismo aqui é o mesmo, ou seja, sua consciência não sabia o que estava acontecendo e começou a enviar mensagens pelo seu cordão, gerando um sonho que fez com que você voltasse, imediatamente, da sua viagem astral para verificar o que ocorria, fazendo, assim, com que você acordasse. Esse processo aconteceu por meio do sentido da audição, que relacionou, em seu sonho, o barulho do tique-taque do despertador com o tique-taque da bomba, e o estampido do toque de despertar com o estrondo da explosão em si.

Olfato: você tem 50 anos e, um belo dia, está dormindo e sonha com sua primeira namorada por quem você fora perdidamente apaixonado. Você sonha que se encontrou com ela, pegou em sua mão e lhe deu um abraço delicioso, sentindo o agradável perfume que emanava dos cabelos dela, próximos a seu pescoço. Nesse caso, o que ocorreu foi que, enquanto você dormia, alguém entrou em seu quarto usando o mesmo tipo de perfume que sua namorada usava naquela época, e isso fez com que sua consciência fosse buscar em seus registros de hipocampo algo que estivesse relacionado com esse aroma, fazendo com que você sonhasse com ela.

Outro bom exemplo é: você adora pizza, então alguém entra em seu quarto comendo um pedaço de pizza de sabor calabresa, de que você mais gosta. O cheiro da pizza invade suas narinas e, por causa disso, você começa a sonhar que está reunido com o pessoal lá do seu trabalho comendo pizza no bairro do Bixiga, lugar onde tem as melhores pizzas. Vocês comem, bebem, contam piadas e se divertem para valer. Tudo isso aconteceu porque alguém entrou em seu quarto comendo pizza e sua consciência buscou em seus registros algum evento relacionado ao cheiro desse alimento.

Mais um exemplo relacionado ao olfato: durante o dia, seu marido tomou caipirinha e comeu feijoada exageradamente. À noite você está dormindo e ele, com aquele barrigão, se virou para o lado e soltou um gás debaixo dos lençóis. O gás subiu por debaixo dos lençóis e penetrou em suas narinas, fazendo com que você sonhasse, por exemplo, que caiu dentro de um esgoto e está, desesperadamente, tentando escapar. Ou outra situação que serve como exemplo é que você sonha que está passeando no parque e pisa em um monte de cocô de cachorro e seu pé fica fedendo de modo insuportável. Sua consciência foi buscar em seus registros algum fato semelhante ao que já tenha acontecido com você, gerando esses tipos de sonhos de origem física, por aspectos olfativos.

Paladar: você vai dormir e se esquece de escovar os dentes. Durante a noite, os restos de comida que ficaram em seus dentes continuam a ser digeridos por suas enzimas bucais, gerando certo tipo de paladar que, dependendo do caso, poderá ser bom ou ruim. Se for bom, você pode sonhar, por exemplo, que está participando de um banquete no qual tem todos os tipos de comida de que você mais gosta. Se for ruim, você pode sonhar que foi sequestrado e que o jogaram em um buraco, onde você permanece sem comer por muitos dias, sendo obrigado a matar ratos e baratas para se alimentar. Nesse último caso, provavelmente, você acordaria enojado, lembrando-se de que não escovou os dentes antes de se deitar, e iria escová-los.

Outro exemplo que envolve o paladar: você comeu demais e, à noite, enquanto dorme deu uma regurgitada e o gosto da comida veio até sua boca. Nesse caso, você pode ter os mesmos tipos de sonhos que serviram como exemplos anteriormente ou de algum outro gênero que esteja relacionado com o sabor que veio à sua boca ao regurgitar. Tanto os primeiros exemplos como este são de sonhos de origem física gerados por aspectos do paladar.

Tato: o tato é o nosso maior órgão dos sentidos em termos de tamanho, pois se refere a todo o tecido tegumentar que envolve nosso corpo e não somente isso, o nosso tato, na verdade, se estende até as dimensões da nossa aura astral cujas extensões já mencionamos em um capítulo anterior. Mas, a grosso modo, nosso tato se estende até mais ou menos 90 centímetros além da pele para o lado de fora.

Nesse primeiro exemplo que envolve o tato, vou contar um sonho que eu tive. Fui dormir e estava muito quente, então, durante a noite, sentindo calor, puxei a coberta e descobri os meus pés. Acontece que na madrugada a temperatura caiu muito. Isso ocorreu no final do ano, próximo ao Natal; então, sonhei que estava no quintal de uma casa bonita toda iluminada, enfeitada com motivos natalinos, do tipo daquelas casas que vemos em filmes hollywoodianos. Eu me encontrava descalço andando na neve e meus pés estavam congelando e doíam tanto que era insuportável. Foi quando acordei e notei que meus pés estavam descobertos; logo percebi que tinha tido um sonho de origem física, deflagrado por aspectos do tato.

Outro bom exemplo é que você está dormindo e, por alguma razão, enquanto se vira de um lado para o outro, o lençol enrosca em seu pescoço o que faz com que você sinta um desconforto, certo aperto e, consequentemente, um pouco de falta de ar. Nesse caso, você pode, por exemplo, começar a sonhar que está no Velho Oeste e que bandidos o apanharam, passaram a corda em seu pescoço e estão tentando enforcá-lo em uma árvore. O que acontece é que sua consciência começa a enviar mensagens através do fio que liga seu corpo à sua alma para que ela volte imediatamente para ver o que está acontecendo e solucione o problema. Assim, você acorda e percebe que, na verdade, não era nada, apenas o lençol que tinha enroscado em seu pescoço.

Mais um exemplo: você está dormindo e, por alguma razão, sua perna escapa da cama e encosta na quina dela, começando a machucá-lo. Nesse sentido, por exemplo, você pode sonhar que está sendo perseguido por cachorros bravos e, enquanto tenta pular um muro alto para fugir, um dos cães o agarra pelo tornozelo. Você acorda e não entende nada sobre sonho, podendo até pensar que foi real, porque, inclusive, você ficou com uma marca dolorida em seu tornozelo por ter machucado na quina da cama. Quando na verdade foi apenas um sonho de origem física relacionado com o tato.

Todos esses exemplos são fictícios, e você pode ter vários outros tipos de sonhos relacionados aos cinco sentidos. O importante é que você identifique seus sonhos e consiga perceber que eles são de origem física.

Tenho certeza de que, agora, depois de ter entendido o mecanismo dos sonhos de origem física, isso será fácil. Você conseguirá identificar e decifrar todos os sonhos desse tipo que você ou outra pessoa tiver.

Sonhos de Origem Vital

Sonhos de origem vital são aqueles relacionados à dimensão que sustenta nossa vida, ou seja, a dimensão vital. Portanto, qualquer acontecimento que possa afetar nossa vida, enquanto estivermos dormindo, desencadeará sonhos desse tipo.

Os exemplos que darei abaixo farão com que você, além de entender o mecanismo desse tipo de sonho, também saiba distingui-lo dos sonhos de origem física. Busquei modelos do cotidiano para que você compreenda melhor o que acontece quando temos um sonho de origem vital.

Alimentação: durante o dia você participou de uma churrascada na casa de um amigo. Comeu e bebeu exageradamente sem perceber que a maionese estava estragada. Durante a noite, enquanto dormia, passou mal e começou a ficar enjoado e com ânsia de vômito; então, para que não tivesse um problema maior, como, por exemplo, uma congestão ou algo ainda pior, sua consciência disparou um sonho com o objetivo de fazê-lo acordar a fim de que você pudesse vomitar e jogar para fora aquilo que poderia afetar sua saúde e, consequentemente, prejudicar sua vida. Nesse caso, você poderia, por exemplo, sonhar que estava comendo naquele jantar do filme *Indiana Jones e o Templo da Perdição*, no qual serviram cobras vivas, barrigada de besouros no próprio inseto, sopa de olhos e miolo de macaco, enfim, esse tipo de alimento que gera desconforto. Então, com nojo daquilo tudo, você acordaria e resolveria o problema. O mecanismo aqui é exatamente o mesmo já mencionado anteriormente, ou seja, você poderia estar muito distante em viagem astral e sua consciência foi buscar em seus registros alguma coisa que o fizesse lembrar de algo nojento; no caso, aqui, foi a cena do filme *Indiana Jones e o Templo da Perdição*, que você já havia assistido em algum momento de sua vida. Sua consciência começou a enviar sinais por seu cordão umbilical para que você acordasse e verificasse o que estava ocorrendo.

Outro exemplo, ainda sobre alimentação, só que, dessa vez, em vez de uma churrascada, você comeu uma feijoada completa, com todos os ingredientes. Imagine agora que comeu em demasia e foi dormir. Sim, eu sei que feijoada é uma delícia, principalmente para nós brasileiros, mas comer em excesso e ir dormir, é claro que coisa boa não poderia acontecer. Então, durante o sono, seu organismo, através do processo de digestão, começa a sofrer um esforço excedente, exigindo muito de seu coração que bate aceleradamente. Você começa a sonhar, por exemplo, que está no meio de uma selva, correndo desesperadamente e tentando escapar de um urso que o está perseguindo para matá-lo. Seu coração bate tão forte que você pode escutá-lo dentro do seu peito, você sua frio e continua a correr cada vez mais rápido, até que se depara com um precipício e percebe que está encurralado. Você para, olha para trás e vê a aproximação do enorme urso, que se levanta, arreganha os dentes e dá um urro estridente. Desesperado, você olha para o precipício e percebe que lá embaixo passa um rio. Sua única chance de escapar do urso é saltar no precipício e mergulhar no rio, mas o problema é que você não sabe nadar, e essa é a sua única chance. Você salta e afunda. Desesperadamente começa uma nova luta, tentando nadar para não morrer afogado, quando, então, acorda em sobressalto suando frio. Ou seja, sua consciência foi buscar em seus registros algo que você já tinha visto, provavelmente em algum filme, e trouxe-lhe para que você pudesse acordar e tomar uma providência para acabar com o mal-estar do processo de digestão.

Fome: você passou o dia inteiro entrando e saindo de reuniões e não teve tempo de se alimentar. Voltou para casa e não tinha nada para comer, então foi direto para a cama. De madrugada, você sonhou que estava preso em um campo de concentração nazista. No sonho, você vê pessoas em pele e osso de tão magras, olha para si mesmo e percebe sua barriga funda e suas costelas aparentes. Você escuta também o barulho da sirene tocando e conclui que acaba de haver mais uma cremação de pessoas que estavam quase mortas por causa da fome. Você não consegue nem mais andar e vê um dos soldados do Terceiro Reich vindo em sua direção; nesse momento você acorda assustado e percebe que está com muita fome. O que aconteceu é que sua consciência percebeu que durante o sono seus níveis de insulina no corpo ficaram extremamente baixos e que você precisava se alimentar urgentemente, então criou um sonho para alertá-lo sobre esse problema, a fim de que você acordasse e fosse comer alguma coisa.

Sede: você chegou em casa muito cansado, trabalhou tanto durante o dia que se esqueceu até de tomar água. Tudo o que você fez ao chegar em casa foi tomar banho, escovar os dentes e cair na cama. Durante a noite sonhou que estava perdido no deserto morrendo de sede. No sonho, seus lábios estavam descascando de tão ressecados pela falta de água. O sol queimou tanto sua cabeça e seus braços que havia bolhas em sua pele. Você estava desesperado tentando chegar a algum lugar onde tivesse água ou alguém pudesse encontrá-lo e saciar a sua sede, caso contrário você iria morrer ali mesmo, em cima daquelas areias escaldantes. Setenta e cinco por cento do nosso corpo é composto de água, portanto ela é fundamental para o bom funcionamento do nosso organismo. A falta de água em nosso corpo pode nos causar problemas sérios de saúde. Nesse caso, sua consciência, sabendo que seu corpo necessitava de água, criou um sonho como alerta para que acordasse e fosse hidratar seu corpo.

Bebida: você e seus amigos resolveram sair depois do trabalho para uma farra. Foram para um boteco e ficaram até de madrugada comendo e tomando todas. Você é levado para casa por um amigo. Chegando lá, você caiu na cama e mais tarde começou a sonhar. Em um primeiro sonho, você sonhou que estava dentro de um edifício em chamas morrendo sufocado pela fumaça e queimado pelo fogo. O fogo, nesse caso, foi representado pelo álcool das bebidas que você tomou. Em um segundo sonho, você estava no meio da cidade desesperado para fazer xixi e não estava encontrando um banheiro. Você pode ter sonhado algo similar a isso porque bebeu muito e quando chegou em casa foi dormir apertado. Outra situação é que, por causa da bebida, também acabou perdendo o controle de seus intestinos e, em função disso, para não fazer o pior na cama, acabou tendo um terceiro sonho, no qual estava com diarreia e não havia nenhum banheiro por perto. Embora esses sonhos sejam bem parecidos com os de origem física, na verdade são sonhos de origem vital, porque todos eles serviram para alertar sobre possíveis problemas de saúde. Conhecendo o mecanismo dos sonhos, pelos exemplos citados aqui, você facilmente saberá identificar os sonhos de origem vital e distingui-los dos de origem física.

Respiração: você foi dormir com um resfriado e, no meio da madrugada, suas narinas entupiram difcultando muito sua respiração. Sonhou, por exemplo, que era o agente secreto James Bond e que estava sendo torturado. O vilão do filme amarrou suas mãos para trás e enrolou um pano sobre seu nariz e sua boca e começou a jogar água em seu rosto, sufocando-o. Na verdade, isso nada mais é do que um artifício da sua consciência que buscou em seus registros alguma coisa que se relacionasse com falta de ar. O importante aqui, novamente, é entender o mecanismo dos sonhos para que você, quando lembrar de algum sonho, saiba identificar exatamente que tipo de sonho teve e qual é a função dele.

Febre: você foi dormir meio febril e durante a madrugada sua febre aumentou. Nesse caso, você poderia ter vários tipos de sonhos, como, por exemplo, que você está dentro de um edifício em chamas sendo queimado pelo fogo. Você poderia também sonhar que caiu em um lago gelado e está morrendo congelado por causa dos calafrios que tem em função do corpo quente. Tudo isso são mecanismos que sua consciência usa a fim de alertá-lo sobre algo de estranho que possa estar acontecendo com você, que você precisa acordar para resolver o problema.

Falta de energia: no começo da noite você participou de uma aula de ginástica tremendamente pesada ou, então, praticou em demasia algum tipo de esporte que o deixou muito cansado e sem energia. Durante a noite sonhou que chegou em sua casa e o prédio estava escuro porque não tinha eletricidade e você teria de subir pelas escadas. Com medo, você começou a subir bem devagar apoiando-se nas paredes, mas logo percebeu que algo o agarrou pelos tornozelos e, por mais força que você fizesse, não conseguia levantar a perna. Sua mente imaginou uma alma penada, por exemplo, que estava segurando-o pelos tornozelos fazendo com que você não conseguisse subir. Na verdade, nada mais era do que suas pernas cansadas pelo esgotamento físico que você teve mais cedo antes de ir dormir.

Cada ser humano tem sua própria realidade e, consequentemente, seus próprios sonhos. Esses exemplos são fictícios apenas para que você consiga identificar os sonhos de origem vital e, também, para que saiba diferenciá-los dos de origem física. Tenho certeza de que, com esses exemplos, você conseguirá decifrar tanto os sonhos de origem física quanto os de origem vital.

Sonhos de Origem Astral

Sonhos de origem astral são aqueles relacionados com a dimensão astral, que é a dimensão para onde vamos logo após a nossa morte e todos os dias enquanto dormimos.

A qualidade de nossos sonhos de origem astral está intimamente ligada à qualidade de nossos sentimentos e de nossas emoções. Como já mencionamos anteriormente, na dimensão astral semelhante atrai semelhante; portanto, se formos dormir com bons sentimentos e bons pensamentos, atrairemos bons sonhos; por outro lado, se formos dormir com maus sentimentos e maus pensamentos, teremos sonhos ruins.

Para entender melhor, vou falar um pouco sobre os temperamentos humanos. Existem quatro tipos de temperamentos que identificam os tipos de seres humanos. Cada temperamento está ligado a uma das quatro emoções básicas: a ira ou raiva, o medo, a alegria e a tristeza ou melancolia. Os quatro tipos de temperamentos são: colérico, ligado à ira ou raiva; o oposto desse, que é o fleumático, ligado ao medo; o sanguíneo, ligado à alegria; e o oposto desse, que é o melancólico, ligado à tristeza ou melancolia. Isso significa que a qualidade de nossos sonhos astrais está diretamente vinculada ao nosso tipo de temperamento; portanto, é essencial que consigamos equilibrar nossos temperamentos para que tenhamos sonhos equilibrados. Escrevi um livro fabuloso sobre esse assunto chamado *Decifrando os Temperamentos Humanos*, que é o mais completo lançado no Brasil sobre os tipos de temperamentos humanos. Nele explico, minuciosamente, os quatro tipos humanos e ensino sobre a influência de cada um deles em nossas vidas, e como fazer para que nos tornemos equilibrados. Vale a pena estudá-lo para se conhecer melhor e se equilibrar de acordo com seu próprio temperamento.

Tudo o que sentimos e pensamos, ou seja, tudo o que entra pelos nossos cincos sentidos, portanto, tudo o que já vimos, escutamos, cheiramos, experimentamos e sentimos fica registrado dentro de nós para sempre. É por isso que anteriormente falamos sobre a importância de desenvolvermos as nossas sete capacidades mentais, principalmente a capacidade sensória, que é aquela pela qual trazemos o mundo exterior para dentro de nosso mundo interior. Quanto mais ricos formos interiormente, maior será a nossa capacidade de sonhar. Isso significa que a nossa quantidade de sonhos de origem astral depende da qualidade e da quantidade de sentimentos e emoções que tivermos dentro de nós; daí a importância de estudarmos os temperamentos humanos e procurarmos ser pessoas equilibradas, pois o melhor modo de entramos no mundo astral é de maneira neutra, ou seja, equilibradamente.

Todos os nossos sonhos também ficam registrados dentro de nós para sempre. Equivale a dizer que tudo o que já pensamos, vimos, escutamos, cheiramos, experimentamos e sentimos dentro dos sonhos ficará também registrado em nós. A partir daí podemos ter ideia de quão importantes são os sonhos em nossas vidas. Agora, imagine se você tivesse um mecanismo para acessar esses arquivos e extrair deles todas as informações. Falarei acerca disso mais tarde, quando ensinarei sobre como lembrarmos dos sonhos.

Já sabemos que a nossa quantidade de sonhos de origem astral depende da qualidade e da quantidade de sentimentos e emoções que temos armazenados, mas do que adianta se quando formos dormir não conseguirmos entrar na dimensão astral? Na maioria das vezes, entrar na dimensão astral não está sob nosso controle, mas existem algumas coisas que podemos fazer para facilitar esse processo, sendo uma delas dormir com a barriga para cima. A outra é, quando formos dormir, imaginarmos nosso corpo astral a um palmo acima de nós. Essas práticas facilitam a saída de nosso corpo astral e, consequentemente, nossa ida para o mundo astral. Existem outras formas, como, por exemplo, desenvolver o chacra esplênico por meio de certo tipo de Ioga.

Os sonhos de origem astral são divididos em dois tipos: os sonhos astrais que acontecem dentro de nosso ovo áurico astral e os que acontecem fora dele. Os sonhos dentro de nosso ovo astral são aqueles relacionados à nossa própria realidade e os que acontecem fora dele são aqueles que têm relação com o verdadeiro mundo astral ou mundo dos desencarnados.

Na introdução deste livro mencionei o fato de sofrermos, diariamente, pesadas cargas emocionais, principalmente em um país repleto de corrupção como o nosso, com problemas políticos, crime organizado, desemprego, inflação, violência. Sofremos, também, com todos os demais problemas que vemos atualmente pelo mundo, como o terrorismo, a iminência de uma guerra nuclear e até mesmo de uma terceira guerra mundial. Além disso, temos de enfrentar os conflitos no trabalho; as mágoas, as tristezas, decepções, etc. O sonho de origem astral, que acontece dentro do nosso ovo áurico, é o mecanismo pelo qual equilibramos nossos sentimentos, nossas emoções e compensamos tudo de ruim que nos aconteceu durante o dia; e, também, realizamos todas as nossas fantasias, principalmente aquelas que não podemos concretizar no mundo físico por questões morais, de intolerância, discriminação, preconceito ou até mesmo pela ignorância das pessoas.

Para facilitar a compreensão do mecanismo dos sonhos de origem astral, tanto aqueles que acontecem dentro do ovo áurico quanto aqueles que acontecem fora dele, darei em seguida alguns exemplos.

Dentro do ovo áurico astral

Os sonhos dentro do nosso ovo áurico astral são aqueles relacionados com nossa própria realidade. Normalmente são bem simples de ser identificados, porque são relacionados com nossas cargas emocionais ou com a realização de expectativas que temos em nossas vidas, como poderemos observar pelos exemplos a seguir.

Sonhos de compensação

No nosso cotidiano passamos por uma enorme quantidade de situações que podem nos causar uma série de perturbações emocionais, como, por exemplo, revolta, decepção, tristeza, angústia, mágoa, aborrecimento, etc. Na maioria das vezes, por alguma razão, sofremos esses tipos de inquietações e não podemos fazer nada. E isso poderia ser ainda pior se não tivéssemos um mecanismo de escape, pois poderíamos entrar em depressão ou até mesmo ficarmos loucos. Esse mecanismo são os sonhos; com eles podemos compensar as perturbações que passamos quase que diariamente e encontrar o equilíbrio. Esse processo ficará mais claro a partir dos exemplos que darei a seguir.

Você trabalha anos a fio para determinada empresa e, um belo dia, você fica sabendo que seu chefe contratará mais uma pessoa para ajudar no setor e que promoverá alguém ao cargo de chefe do departamento. Você não tem dúvidas de que essa pessoa que será promovida é você, afinal de contas trabalha ali há anos, sempre trabalhou muito, nunca faltou, nunca chegou atrasado e sempre entregou todas as suas tarefas no prazo. Então, seu chefe convoca uma reunião para apresentar o novo funcionário e, para sua decepção, ele o apresenta como sendo o chefe do departamento. Em uma situação como essa, provavelmente você sonharia que é o chefe do departamento e seu chefe é seu subordinado; e você o repreende de todas as maneiras possíveis, como, por exemplo, chamando-o de incompetente, ameaçando despedi-lo ou o insultando dando-lhe trabalhos medíocres. Esse tipo de sonho tem a função de compensar a frustração que você teve quando seu chefe promoveu outra pessoa e não você. Nesse caso, você acorda mais aliviado e consegue lidar melhor com as situações.

Em outro caso você é mulher e foi desprezada por um homem. Você investiu anos de sua vida nessa relação. A pessoa era o homem da sua vida. De repente, você o encontra traindo-a com uma sirigaita qualquer e, pior ainda, com uma mulher que você considera muito pior do que você. Para qualquer mulher esse tipo de situação é terrível. Nenhuma mulher concebe ser trocada por outra, principalmente se essa parecer muito inferior a ela. Isso machuca demais. Então, à noite, para compensar, a primeira coisa que você sonha, por exemplo, é com todos os defeitos do homem que a traiu ou talvez você sonhe com uma situação em que você está em uma festa e tem uma fila de homens bonitos querendo dançar com você. O primeiro da fila é o Brad Pitt, o segundo é o Antonio Banderas, o terceiro é o Tom Cruise, e assim por diante, e que seu marido ou namorado está lá vendo os homens cortejarem-na e está morrendo de raiva. Esse exemplo é típico, pois, quando se trata de sentimentos amorosos, nossa sensibilidade fica à flor da pele e é por isso que existem essas compensações, caso contrário não aguentaríamos lidar com as situações reais.

Outro exemplo: vamos supor que você seja um homem pouco dotado e não muito viril, o que para os homens é devastador, pois eles se sentem inferiores e fogem de diversas situações, por exemplo, quando vão ao banheiro, preferem usar o vaso sanitário em vez do mictório porque têm vergonha se os outros virem seu pequeno órgão genital. No vestiário, homens nessa situação têm vergonha de tirar a roupa na frente dos amigos e de tomar banho em chuveiros de clubes onde tudo é aberto; para eles seria a morte. Essa é uma situação que, infelizmente, aterroriza muitos jovens e adultos, mas é uma realidade comum. Se para um homem sob essa circunstância ficar nu diante de outros homens já é constrangedor, imagine se despir diante de mulheres. Nesse caso, pode ser que você sonhe que é um artista pornô, por exemplo, e que está transando com várias mulheres, satisfazendo todas elas ao mesmo tempo.

É o que ocorre com os sonhos de compensação. Nossa consciência não nos deixa, em hipótese alguma, passar por sentimentos emocionais profundos, como esses que acabei de usar como modelo, sem nos compensar com alguma coisa especial, algo que fará com que nos equilibremos e, durante o dia, fará com que tenhamos condições de viver um pouco mais felizes e até mesmo esquecer dos nossos infortúnios.

O mecanismo dos sonhos de compensação é realmente muito simples e também muito fácil de compreender, além de altamente eficaz para descarregar nossas emoções e devolver nosso equilíbrio emocional.

Sonhos de equilíbrio

Durante vários períodos de nossa vida, por negligência ou por fatores que não podemos controlar, é possível que fiquemos com nosso organismo desequilibrado, e isso pode afetar nossa saúde, tanto física como mental ou, até mesmo, nossa saúde espiritual. Os sonhos de equilíbrio têm a função de, automaticamente, reequilibrar-nos ou nos alertar para que tomemos as providências necessárias a fim de que o pior não nos aconteça. Nossa consciência, que está dentro de nós e que é a nossa centelha divina, utiliza-se do mecanismo dos sonhos como meio para nos manter saudáveis e equilibrados, como veremos nos exemplos a seguir.

Como primeiro exemplo, cito um fato bastante comum: durante muito tempo em sua vida você foi negligente com seus hábitos alimentares, sempre comeu e bebeu muito sem nunca se preocupar com a qualidade da alimentação. Gradativamente, sem que você percebesse, foi engordando e, agora, está muito acima do peso. Você nem nota que constantemente precisa comprar roupas novas, porque suas roupas atuais estão apertadas; na verdade, é como se você pensasse que elas encolheram com o tempo. Além disso, sente-se cansado com qualquer pequeno esforço ou caminhada, mas não dá muita atenção a isso. Um belo dia, você sonha que está preso a uma cama e, de tão gordo que está, não consegue se levantar, a ponto de ter de contar com as pessoas que estão a seu lado para colocá-lo de pé e até mesmo banhá-lo. O problema é que você sequer passa pela porta do banheiro, então acorda sobressaltado. Isso faz com que você vá até o espelho e perceba em que se transformou. Fica então meio deprimido, começa a refletir e decide procurar um especialista para ajudá-lo a reaver o controle do seu peso e da sua saúde. Meses depois, percebe que tem de trocar novamente todas as suas roupas, mas, dessa vez, porque todas estão largas. Você nota, também, que tem muito mais energia e muito mais autoestima, tanto que até arrumou uma namorada nova. O sonho alertou-o para que você olhasse para si mesmo e buscasse o equilíbrio físico necessário para sua vida.

Em outra situação, por exemplo, você é um homem que está há muito tempo sozinho. Por causa disso seus hormônios sexuais foram se acumulando em seu organismo. Na sua empresa, seus colegas de trabalho ficam contando sobre suas aventuras sexuais enquanto vocês almoçam, o que faz com que seus hormônios cresçam e se acumulem ainda mais. Em sua mente, você começa a fantasiar e à noite sonha com aquela garota linda que trabalha no departamento junto ao seu. Então, no sonho, vocês se encontram e fazem amor loucamente e você acorda tendo um orgasmo. O sonho fez com que você descarregasse seus hormônios, trazendo-lhe o equilíbrio. Por causa disso você conseguirá ficar mais um tempo sozinho até que encontre o amor de sua vida e vocês possam se equilibrar juntos.

O exemplo que vou citar agora é similar ao anterior, mas também é muito importante para elucidar a relevância dos sonhos de equilíbrio: você é uma mulher que está com necessidades sexuais, mas, por uma questão de ética, moral, bons costumes ou até mesmo porque é muito religiosa, não consegue se realizar sexualmente com qualquer pessoa. Durante o dia, no trabalho, na hora do cafezinho, suas amigas ficam lhe contando suas aventuras sexuais, então, à noite, você acaba sonhando e realizando todas as suas fantasias. Ou seja, o que você não consegue realizar fisicamente, realiza no sonho, e isso faz com que você se reequilibre e não acabe neurótica, nervosa ou chateada, passando a dar coice em todo mundo durante o dia, porque não consegue se realizar sexualmente.

Os sonhos de equilíbrio têm a importante função de alertar sobre algo que está em desarmonia em seu corpo, fazendo com que você tome uma atitude para mudar uma situação que não está de acordo com o seu bem-estar, ou, então, para que seu corpo se equilibre automaticamente a fim de que você consiga suportar circunstâncias desconfortáveis, como essas citadas nos dois últimos exemplos.

Sonhos de fantasia

Podemos dizer que fantasias são todos aqueles desejos impossíveis de se realizar ou aqueles sonhos que são inexequíveis em determinada fase de nossa vida ou, ainda, aqueles que não temos nenhum plano em ação para realizá-los. As fantasias são parte importante em nossas vidas, entretanto nos frustram, porque não são realizáveis. Essas frustrações têm o poder de nos causar perturbações emocionais e, até mesmo, em último caso, levar-nos à depressão. Nossa consciência é sábia e, para evitar que soframos com os desapontamentos advindos da não realização de nossas fantasias, ela se utiliza do mecanismo dos sonhos, fazendo com que possamos concretizar, em sonho, aquilo que não podemos realizar fisicamente, como veremos nos exemplos a seguir:

Você é uma daquelas pessoas que constantemente fica dizendo para os amigos que um dia terá uma mansão, em uma ilha particular, com um jatinho e um iate ancorado em sua praia. Ocorre que você trabalha como auxiliar de escritório em um banco e, além disso, não faz mais nada na vida. Como se não bastasse, gasta tudo o que ganha em baladas e viagens para o litoral nos finais de semana. Imagine como você ficaria mentalmente caso nunca conseguisse vivenciar essa experiência da qual tanto fala. Em função disso, à noite, quando vai dormir, você sonha que está em seu iate, rodeado de mulheres lindas, tomando champanhe e passeando em volta de sua ilha particular. Você conversa com os convidados sobre como será a festa que dará logo mais à noite em sua mansão. Essa é uma situação típica, na qual o mecanismo dos sonhos atuou, fazendo com que você realizasse em sonho aquilo que jamais concretizaria fisicamente por causa da sua situação atual. O mecanismo dos sonhos evitou que você tivesse algum tipo de problema mental em razão da sua incapacidade momentânea de efetivar seu desejo.

O modelo a seguir trata de um sentimento muito comum, a saudade, que pode fazer a pessoa sofrer demasiadamente se não souber lidar com ela. Seus pais moram no Japão e você sente muita saudade deles, mas, com o salário que você recebe atualmente aqui no Brasil, torna-se impossível ir visitá-los. Todos os anos você planeja, mas nunca consegue juntar dinheiro suficiente para poder viajar. Um belo dia você sonha exatamente com isso, que viajou para o Japão e que está jantando na casa de seus pais. Nesse caso, o mecanismo dos sonhos agiu como forma de alívio, fazendo com que você consiga aguentar um pouco mais de tempo o sofrimento por estar longe de sua família.

Outro bom exemplo: seu sonho é ser piloto de Fórmula 1, mas, infelizmente, você sabe que é impossível, afinal de contas você não tem condições financeiras e, além disso, mesmo que estivesse preparado financeiramente, sua idade já não lhe permitiria. Então, você sonha que está dentro de um carro de Fórmula 1 na primeira fila de largada do Grande Prêmio de Mônaco. Você escuta o ronco dos motores e observa atentamente o sinal da largada. Conforme se aproxima o momento, seu coração acelera e bate cada vez mais forte debaixo de seu macacão, até que finalmente chega o momento em que você acelera e arranca com tudo. Você está agora no meio da corrida, tentando ultrapassar seus adversários. Dentro do cockpit você escuta atentamente as instruções de sua equipe e, volta a volta, vai ultrapassando cada um dos competidores até que consegue liderar a prova. Você se vê, então, na última volta, cruzando a linha de chegada e observando a bandeira quadriculada tremular. O que jamais conseguiria realizar fisicamente, você vivenciou em sonho, fazendo com que o viver seja uma experiência interessante.

Você pode ter tido muitos sonhos diferentes ou parecidos aos exemplos que dei até agora. O fato de não se lembrar de nenhum deles não significa que não os tenha tido e muito menos que eles não tenham trazido nenhum efeito positivo a você.

Sonhos de orientação

Tomar decisões nem sempre é muito fácil, ainda mais se considerarmos que, nas inúmeras vezes em que elas são imprescindíveis, normalmente não estamos preparados para encará-las ou simplesmente não temos tempo para juntar todas as informações necessárias que nos permitam tomar a decisão mais acertada.

Quando estamos despreparados, questões como oportunidades de negócios, de emprego ou até mesmo situações que envolvam relacionamentos podem nos gerar insegurança, afligir-nos e tirar nosso sono.

Dentro de nós há todos os conhecimentos necessários para resolvermos qualquer tipo de problema, apenas não sabemos, ainda, como acessá-los. Por essa razão, nossa consciência, em sua enorme sabedoria, utilizando-se do mecanismo dos sonhos, resolve boa parte de nossos problemas, dando-nos condições para tomarmos as decisões corretas, mesmo quando não dispomos de todas as informações para isso. Nossa consciência não nos deixa viver em constante preocupação, ela se vale justamente dos sonhos para eliminar nossa dificuldade de fazer escolhas, aliviando, assim, nossas tensões. Veremos em seguida, com alguns exemplos, como é fantástico esse processo.

Vamos supor que você esteja à procura de um carro para comprar, mas não sabe exatamente qual marca e modelo seria a melhor escolha para você, de acordo com as suas possibilidades financeiras. Faz pelo menos três meses que você visita algumas lojas de carro todo fim de semana e faz alguns testes com os veículos. Nesse período você gostou de três modelos, porém, não tem certeza de qual escolher. Tem medo de tomar uma decisão errada, e isso vem o atormentando a ponto de você adiar a compra. Então, um dia, você vai dormir e em uma das situações no sonho vê um dos três modelos de carros que estava pensando em comprar. Você acorda e, mesmo sem se lembrar do sonho, toma a decisão de comprar esse modelo com o qual sonhou, ou seja, a orientação que você precisava para tomar a decisão de qual carro comprar veio por meio de um sonho, mesmo que não tenha se lembrado dele. O que ocorreu é que o sonho o deixou mais seguro para tomar sua decisão.

Nesse outro exemplo, você se encontra desempregado há mais de um ano; tem enviado currículos e participado de entrevistas em diversas empresas. Em determinada semana, você recebe três telefonemas de empresas diferentes lhe oferecendo uma oportunidade. Você precisa tomar uma decisão rápida, portanto não tem tempo nem informações suficientes para decidir da maneira mais conveniente. Você conversa com vários amigos e nenhum deles conhece as empresas que estão lhe oferecendo uma vaga, portanto eles não conseguem ajudá-lo. Você acaba indo dormir preocupado e, perto de acordar, sonha com a pessoa que o entrevistou em uma dessas três empresas e, quando acorda, você se lembra do sonho e pensa consigo mesmo: "vou aceitar a oportunidade dessa empresa". Veja que, no exemplo anterior, você não se lembrou do sonho, mas acordou com a sensação de que deveria comprar aquele modelo específico de carro, enquanto, neste caso, você acordou, lembrou-se do sonho e, por causa disso, decidiu-se por determinada empresa. Independentemente de lembrar ou não do sonho, o mecanismo é o mesmo.

Em outra situação, você é uma mulher solteira que não está namorando. Embora tenha vários amigos bacanas, três deles lhe chamam bastante atenção, pois são os amigos de quem você mais gosta e também existe certa afinidade e uma química entre vocês. Você sabe que namoraria qualquer um deles, mas não consegue se decidir, já que gosta dos três. Um deles se chama Carlos; o outro, Antônio; e o outro, Marcos. Em um belo dia você vai dormir pensando neles e acaba sonhando com Carlos e, quando acorda, toma a decisão de que é com o Carlos que gostaria de namorar. Agora você está mais tranquila pois já sabe a quem cortejar, suas dúvidas foram dissipadas por um sonho de orientação.

Os sonhos de orientação servem como apoio para nos ajudar com as nossas dúvidas diárias a respeito das diversas situações que nos cercam diariamente. Eles nos auxiliam nas decisões que temos de tomar todos os dias, trazendo conforto e segurança, aliviando esse processo de escolha que, muitas vezes, pode causar angústia e ansiedade, dependendo da situação.

Sonhos repetitivos

Os sonhos repetitivos começam a acontecer toda vez que temos uma experiência marcante em nossas vidas. A partir desse ponto, cada vez que tivermos uma experiência semelhante, não necessariamente igual, nossa consciência acessa em nosso hipocampo o mesmo tipo de sonho, fazendo com que ele se repita.

Vamos supor que você seja uma mulher muito magoada por seu antigo noivo. Você descobriu que ele a traía e, além disso, constantemente, fazia com que você se sentisse inferior, mencionando suas imperfeições tanto físicas quanto mentais. Você, por amá-lo, aguenta tudo calada por muito tempo, até que um dia, mesmo você sendo carinhosa e, também, submissa, ele, sem mais nem menos, abandona-a dizendo que nunca havia gostado de você de verdade e que havia encontrado uma pessoa melhor. Seu mundo desaba e você chora desconsoladamente por várias semanas seguidas todas as vezes que se lembra dele. Você não se conforma. Então, a partir daí, de vez em quando, passa a sonhar repetidamente que conhece um cara e sempre o maltrata. A explicação para esse tipo de sonho é, na verdade, bem simples: toda vez que você, por alguma razão, se sentiu rejeitada ou menosprezada por alguém, de maneira semelhante à sua experiência com seu namorado, experiência essa que marcou muito sua vida, sua consciência busca nos registros de hipocampo um sonho relacionado, fazendo com que ele se repita.

Existe um exemplo clássico que retrata muito bem esse tipo de sonho, o qual quase todo mundo tem, que é sonhar que está perdendo os dentes. Todos nós, quando crianças, passamos pela experiência marcante de trocarmos os dentes. Se nessa época convivíamos com outras crianças que, por causa disso, constantemente tiravam sarro da nossa cara, chamando-nos de banguela ou algo parecido, e isso nos fazia ficar chateados e até mesmo nos fazia chorar, começamos a ter esse tipo de sonho na fase adulta. Sempre que nos sentirmos menosprezados por alguém, alguém que mexa com nossa estima, teremos esse sonho repetitivo, que está relacionado com aquela experiência marcante que tivemos na infância.

Existe um sonho também muito comum que é repetitivo: sonhar que estamos nus no meio de uma multidão. Esse tipo de sonho normalmente ocorre porque você, por alguma razão, teve de passar pela situação constrangedora de ter que tirar a roupa na frente de outra pessoa, como, por exemplo, para fazer um exame médico no exército, ou para entrar em um clube, ou, no caso das mulheres, para fazer seu primeiro exame ginecológico e essas situações não foram confortáveis para você. Esse é um sonho um pouco diferente dos anteriores, ele tem um significado diferente, ainda que , também seja um tipo de sonho repetitivo. Esse tipo de sonho é normalmente consequência de sentimento de culpa, seja por ter feito algo de errado ou por ter deixado de fazer algo que deveria ter sido feito. Nesse caso, o processo de culpa é um gatilho para o sonho do tipo repetitivo.

O sonho repetitivo é um sonho que conseguimos deixar de ter, basta você pensar sobre situações passadas e descobrir quando e qual foi o fato que originou o sonho repetitivo; isso vai fazer com que você, instantaneamente, não tenha mais esse tipo de sonho.

Fora do ovo áurico astral

Fora do ovo áurico, ou seja, no verdadeiro mundo astral, quem comandará a região para onde iremos enquanto sonhamos e, consequentemente, conduzirá as experiências que iremos ter são os nossos sentimentos, ou seja, o nosso estado emocional.

Portanto, a maneira como nos sentimos é que provocará o tipo de experiência no astral correspondente e decidirá onde iremos vivenciá-la. Assim, conforme vimos anteriormente, no capítulo referente à dimensão astral, dependendo do nosso estado de ser, iremos para regiões dos inférios, do purgatório inferior, do purgatório superior ou para a região conhecida como céu astral ou devakan e teremos, em uma dessas regiões, nossa experiência astral correspondente.

O mundo astral é um mundo fantástico, um lugar onde podemos ter sonhos enriquecedores e aprender muito, como você poderá observar pelos diversos exemplos que darei em seguida.

Sonhos correspondentes

No mundo existem quatro tipos de pessoas, divididas em quatro temperamentos básicos: o colérico; o oposto dele, que é o fleumático; o sanguíneo; e o oposto dele, que é o melancólico. Esses, por sua vez, se dividem em mais três, totalizando 12 tipos de seres humanos ou 12 tipos de temperamentos, mas, para explicarmos o funcionamento dos sonhos correspondentes, falaremos apenas dos quatro tipos básicos, os que nos interessam no momento.

Como vimos anteriormente, uma das principais leis da dimensão astral é a lei de que semelhante atrai semelhante; portanto, cada tipo de temperamento irá para uma região correspondente no astral de acordo com suas características.

O tipo colérico tem muita energia e muita excitação e está sempre bravo, a qualquer momento do dia ou da noite. Se você encontrar com esse tipo de pessoa, ele estará sempre nervoso, xingando, discutindo, brigando e vermelho de raiva. Esse tipo é altamente colérico e a expressão do seu rosto praticamente não mostra outra coisa a não ser a ira ou a raiva. Sendo assim, uma pessoa desse tipo de temperamento, em sonho, não iria para outro lugar no astral senão para uma região do astral onde tivesse muita energia e muita excitação, muita discussão, muito confronto e muita briga, ou seja, uma região do astral correspondente a seu estado de ser.

O tipo fleumático está sempre parado; quanto mais parado ele estiver, mais vai gostar, pois ele tem preguiça de tudo. Para arrancar esse tipo de pessoa do sofá é a coisa mais difícil do mundo. Somente dois tipos de coisas o motivam: comer comida gostosa e fazer sexo, preferencialmente de maneira passiva, e o restante não interessa. Tais pessoas são verdadeiras lesmas de tão lentas que são. Esse tipo de pessoa não iria para outra região no astral senão para onde pudesse ficar parado descansando, comendo comida gostosa e fazendo sexo.

O tipo sanguíneo é o de pessoa aérea, que está sempre distraída, é irresponsável, vive o tempo inteiro na rua, adora se divertir, é alegre e descontraída. Se você pensar em alguma pessoa sanguínea, certamente se lembrará de alguém que conheceu em alguma festa ou quando estava se divertindo em algum lugar; portanto, esse tipo de pessoa não iria para outra região no astral, senão para uma região de alegria, de festas e de descontração.

O tipo melancólico é terrível, só fala em desgraça, doença, catástrofe. Vive magoado, chateado, aborrecido, amargurado, ressentido, triste, infeliz, reclama e fala mal de tudo e de todos. Portanto, esse tipo de pessoa não iria para outro lugar no astral senão para uma região correspondente a esses sentimentos.

Uma pessoa, por exemplo, que é alcoólatra e que já entrou na fase de *delirium tremens*, quando adormece, não para de sonhar e vai diretamente para as regiões de baixo astral onde vê aranhas e seres estranhos correspondentes ao seu estado de ser.

Um suicida, quando adormece, não vai para outra região do astral senão para a região dos suicidas e, como no astral semelhante atrai semelhante, ele encontrará com outros suicidas, consequentemente, o seu sentimento de suicídio tende a se fortalecer e, por causa disso, poderá acabar se matando.

Esses exemplos ilustram muito bem o cuidado que temos de ter com nosso estado de ser, pois a consequência de sermos pessoas desequilibradas pode ser devastadora às nossas vidas. É preciso equilibrar os quatro temperamentos para que possamos aproveitar melhor os benefícios de ir para a dimensão astral; se estivermos equilibrados ao entrar no mundo astral, será muito mais fácil de estudá-lo e, consequentemente, de tirarmos proveito disso, conseguindo assim evoluir muito mais.

Por meio desses exemplos, podemos concluir também que os sonhos retratam as experiências de nossa alma. Portanto, mesmo que queiramos negar, nossos sonhos revelarão exatamente quem somos. Isso significa que conhecendo os nossos sonhos podemos nos autoconhecer e, conhecendo os sonhos das outras pessoas, podemos saber exatamente quem são, mesmo que elas queiram esconder, ou seja, dize-me com o que sonhas que te direi quem és.

Sonhos de pressentimento

Pressentimento é uma suspeita imprecisa de que algo bom, ruim, positivo ou negativo vai acontecer. Pode ser interpretado também como um aviso de que alguma coisa agradável ou desagradável poderá acontecer.

Como vimos anteriormente, a dimensão astral antecede as dimensões física e vital; portanto, tudo o que acontece nas dimensões física e vital, primeiramente acontece na dimensão astral. Isso significa que, se estivermos sonhando na dimensão astral e, nesse sonho, tivermos visto apenas um fragmento de algo bom ou ruim acontecendo com alguém, acordaremos apenas com um pressentimento do fato e não com uma certeza, já que não vimos o fato todo.

Considerando o caso anterior, vamos supor que você conheça a pessoa que viu no sonho e que ela trabalha com você, por exemplo. Nesse caso, quando você for trabalhar, e encontrar com essa pessoa, terá a sensação de que algo irá acontecer com ela, porém não saberá dizer exatamente o que irá advir. Como tudo que acontece no astral não é definitivo, você poderá alertar a pessoa se souber que o acontecimento que viu foi ruim, por exemplo, evitando, assim, o problema.

Vamos supor que, no sonho, você viu seu amigo conversando com uma pessoa que sempre dá carona para ele, mas, por alguma razão, alguém lhe chama a atenção e você anda para atender essa outra pessoa. Logo em seguida você escuta um barulho, olha para trás e percebe que um caminhão bateu violentamente naquele carro, mas você não consegue chegar perto para ver quem está nele, então não tem certeza de que seu amigo estava naquele veículo. Nesse caso, você acorda com a sensação de que algo ruim pode acontecer com seu amigo e você pode, por exemplo, oferecer-lhe uma carona, ou outra coisa qualquer, para fazer com que ele não pegue carona com aquela pessoa naquele dia.

Sonhos de premonição

Premonição é um pressentimento mais preciso de que algo bom, ruim, positivo ou negativo poderá acontecer. Na premonição a pessoa vê em sua mente o que vai acontecer, sabe exatamente qual será o fato. Não é só uma vaga suspeita como no caso do pressentimento, é algo mais determinado.

Para que você entenda a diferença entre um sonho que gera um pressentimento e outro que gera uma premonição, vou dar um exemplo: vamos supor que você esteja sonhando na dimensão astral e, nesse sonho, você está em uma estação de metrô. Você está chegando e percebe que seu amigo se encontra a uns 20 metros à sua frente esperando o trem. Você observa o trem aproximando-se e, quando olha para seu amigo, vê claramente alguém o empurrando para ser atropelado e você vê a pessoa que o empurrou sair correndo. No dia seguinte você tem quase certeza de que algo ruim irá acontecer com seu amigo e, como nada no astral é definitivo, você poderá desviá-lo do seu caminho para que o pior não aconteça.

Muitas vezes você teve um sonho premonitório, mas, quando acorda, não se lembra de nada. Acho que você já deve ter tido a experiência de chegar a algum lugar ao qual nunca foi e ter uma sensação clara de já ter estado ali. Isso nada mais é do que a confirmação de que você já esteve ali em viagem astral. Portanto, nesse momento, se você ficar quieto e pensar, poderá até descobrir os fatos que acontecerão em seguida naquele lugar.

Em 2015, mais precisamente no mês de agosto, enquanto eu me preparava para dar uma palestra sobre o mistério dos sonhos, meu sogro faleceu e eu fui ao cemitério acompanhar o sepultamento. Eu nunca tinha ido àquele cemitério, tanto que, para chegar lá, programei o GPS do meu carro, já que não sabia o caminho. Quando entrei com o carro pelo portão do cemitério, percebi claramente que eu já tinha estado ali. Desci do carro com minha esposa e, a cada passo que dava em direção ao local do sepultamento, eu tinha mais certeza de que já havia estado naquele lugar. Quando cheguei ao local, todas as cenas que estavam acontecendo em volta do jazigo eu já tinha visto. Para mim, nada era novidade ali; eu era capaz de dizer exatamente o que iria acontecer passo a passo, sabia a sequência dos acontecimentos e até comentei com minha esposa. Aquilo era a confirmação de que eu já havia visto no astral o sepultamento de meu sogro.

Em 25 de dezembro de 2015 eu e minha esposa viajamos em férias para Singapura. Nessa época eu tinha começado a escrever este livro, e já aprontara alguns capítulos. Em um dos dias em que estive em Singapura, fui visitar o Jardim Botânico com ela. Um dos locais que visitei nesse Jardim Botânico foi uma estufa bem gelada. Eu nunca antes tinha entrado em uma estufa desse tipo, mas, quando adentrei, a sensação de que já tinha estado ali foi tão grande que falei para minha esposa: "eu já estive aqui em viagem astral, porque me lembro disso tudo". Até do caminho para chegar dentro da estufa, que era feito de madeira, eu me lembrava claramente. Obviamente já tinha estado naquele lugar, só que minha passagem por lá foi em sonho, em uma viagem astral.

Você saberá, mais à frente, a importância de conhecer e estudar os sonhos de origem astral quando eu falar sobre os sonhos lúcidos. Por enquanto, o mais importante para você saber, é que tudo o que acontece no astral, ocorre antes do plano físico, e esses acontecimentos não são definitivos, portanto podem ser modificados. Sabendo disso, acredito que você já possa ter uma noção da importância de conhecer e estudar o mundo astral pelos sonhos.

Sonhos de precognição

Precognição é uma clarividência relativa a um conhecimento, condição, fato, situação ou estado, etc. ainda não vividos, ou seja, é uma percepção extrassensorial ou conhecimento antecipado de fatos futuros. A precognição é mais forte do que o pressentimento e do que a premonição. Ela é quase como uma intuição, sobre a qual falaremos mais adiante em um capítulo subsequente.

Quando temos um sonho de premonição, acordamos com uma sensação forte do que ainda vai acontecer, porque, no sonho, enxergamos perfeitamente o acontecimento ou fato. Já, quando temos um sonho precognitivo, acordamos com plena certeza do que irá acontecer; isso ocorre porque no sonho precognitivo, além de vermos claramente tudo o que aconteceu, também participamos dos acontecimentos no astral, ou seja, nós fizemos parte deles, nós os vivenciamos no astral.

Por exemplo: você sonha que está viajando de avião e, em determinado momento, percebe que algo de errado está acontecendo. Você nota que está havendo uma movimentação estranha dos comissários de bordo. Percebe que eles andam de lá para cá e conversam baixinho entre si. De repente, o avião começa a trepidar muito e as luzes para apertar os cintos se acendem. O comandante da aeronave dá o aviso para que todos apertem seus cintos e, nesse momento, um silêncio mortal toma conta do ambiente. De súbito, você escuta um estrondo e todas as máscaras de oxigênio caem, e a última coisa que você escuta é o aviso do comandante dizendo que a aeronave teve uma pane nos motores e que eles terão de fazer um pouso forçado. Nesse momento, o desespero toma conta de todos a bordo e você escuta alguém dizer: "é o fim, vamos todos morrer".

Esse exemplo retrata muito bem como é um sonho precognitivo. Após um sonho como esse, você acorda com muito mais certeza de que isso realmente vai acontecer e, como tudo que acontece no astral não é definitivo e pode ser mudado, caso fosse viajar no dia seguinte, você agiria de alguma maneira para que o avião não levantasse voo ou, pelo menos, adiaria a sua viagem para outra data, evitando assim o desastre e, consequentemente, livrando-se da morte.

Sonhos com encarnados

Como vimos anteriormente, são habitantes da dimensão astral os encarnados como você e eu, que podem também estar por lá em uma viagem astral. Portanto, encontrar um conhecido nessa dimensão é muito comum.

Existem relatos de pessoas que se conhecem e se relacionam com outras, no astral, por anos seguidos, estando separadas fisicamente por milhares de quilômetros, ou seja, uma pessoa se relacionando com outra que vive, por exemplo, em um país completamente diferente. Muitas vezes, posteriormente, essas pessoas acabam se encontrando na vida real e até mesmo se casando.

Sonhos com desencarnados

Tão comum quanto encontrar com alguém que está vivo no astral é se encontrar com alguém morto, como, por exemplo, um parente ou um amigo ou um conhecido que já faleceu. Se encontrarmos com uma pessoa várias vezes, em épocas diferentes, perceberemos que, a cada encontro, essa pessoa estará mais jovem. Isso ocorre porque o mundo astral é um mundo de regresso.

É muito comum nos depararmos com o que chamamos de perdidos do astral, pessoas que morreram recentemente por morte violenta e repentina. Essas pessoas nem mesmo sabem que estão mortas, portanto estão ali perdidas, sem saber o que fazer. Elas precisam de ajuda para descobrir que estão mortas e, assim, seguir seu caminho natural. Nesse caso, indivíduos escolhidos, normalmente pessoas de bom coração, acabam sonhando com esses entes que já morreram e os ajudam a descobrir o caminho.

Em 2015, enquanto me preparava para dar uma palestra sobre os mistérios dos sonhos, fui tomar café com meu melhor amigo e aproveitar para convidá-lo para assistir à palestra. Enquanto tomávamos o café, comecei a conversar sobre sonhos e ele me contou que recentemente dois de seus amigos haviam morrido repentinamente por morte violenta, em um assalto, e que, naquela semana, ele havia sonhado com eles. Meu amigo sonhou o seguinte:

Ele estava caminhando e, em sua direção, vinham duas pessoas. Quando elas chegaram perto dele, percebeu que eram seus dois amigos que tinham morrido recentemente. Então, ele começou a conversar com eles e, percebendo que não sabiam que estavam mortos, ficou meio sem jeito de falar, pois preocupou-se com a reação deles. Para que descobrissem que estavam mortos por conta própria, meu amigo olhou para o lado onde havia um grande espelho. Quando seus dois amigos olharam para o espelho, perceberam que seus reflexos não estavam lá, e somente a imagem do meu amigo estava refletida. Nesse momento, eles compreenderam que estavam mortos. Meu amigo é uma pessoa de bom coração e uma providência foi tomada para que ele se encontrasse com seus amigos no astral e, assim, resolvesse o problema. No dia de minha palestra, pedi para meu amigo confirmar para a plateia o sonho que havia tido, e isso abrilhantou ainda mais a palestra, que foi um sucesso.

Existem muito mais coisas além daquelas que a ciência já descobriu e que tem condições de comprovar do que podemos imaginar. Há inúmeros fatos que ainda não foram descobertos pela ciência e que, portanto, não podem ser comprovados; consequentemente, acreditar somente no que o senso científico corrobora pode ser um pensamento um tanto quanto restrito, algo que pode nos limitar.

Sonhos com entidades típicas

Na vastíssima região astral, podemos encontrar em sonho com os fisicamente vivos, já mencionados antes, compostos de pessoas que dormem; os psíquicos e neuróticos em crise; iniciantes em estudos no astral, adeptos e seus discípulos, e os magos negros e seus discípulos e, também, os fisicamente mortos (mortos "vivendo" normalmente no astral), já falados anteriormente; os suicidas e mortos repentinos (ainda descontrolados psiquicamente), que também já mencionamos; e todos os demais seres que habitam essa região, como, por exemplo, os vampiros astrais, cascões astrais em processo de desintegração, cascões astrais vitalizados, cascões astrais habitados e discípulos esperando reencarnação. Além desses habitantes, podemos encontrar também os seres não humanos, como, por exemplo, essências elementais astrais, larvas astrais, corpos astrais de animais adormecidos ou mortos; elementais ou "espíritos" da Natureza; elementares (criações psíquicas artificiais) e seres extraterrestres.

É por essa razão que muitas vezes nossos sonhos são completamente estranhos e inexplicáveis.

Sonhos com íncubo e súcubo

O íncubo é um demônio com aparência masculina ou macho astral, que invade os sonhos das mulheres a fim de ter relações sexuais com elas para lhes roubar a energia vital. O íncubo drena a energia vital das mulheres e todas as suas secreções sexuais, e ele faz isso para se alimentar. Normalmente as deixa vivas, porém em condições muito fragilizadas.

Já o súcubo é um demônio com aparência feminina ou fêmea astral, que invade os sonhos dos homens a fim de ter relações sexuais com eles para lhes roubar a energia vital. O súcubo se alimenta da energia vital e sexual dos homens e coleta seu esperma para engravidar a si mesmo ou a outros súcubos.

Quando esses demônios invadem os sonhos das pessoas, tomam a aparência de seu desejo sexual e sugam a energia proveniente do prazer da pessoa atacada. Eles fazem isso da seguinte maneira:

Vamos supor que você seja um homem e seu objeto de desejo sexual seja a famosa artista de cinema Angelina Jolie. Então, você sonha com ela e, durante o sonho, vocês estão dançando coladinhos em um lugar lindo, a música é maravilhosa, o ambiente é maravilho e você está dançando com o objeto de seu desejo sexual. De repente, o ambiente começa a se transformar e ficar meio tenebroso, o som da música começa a ficar perturbador e aquela criatura linda que está com você, de repente, se transforma em um bicho feio e asqueroso, com um bafo horrível. Esse bicho asqueroso aperta-o e crava as unhas compridas em sua carne extraindo de você todas as suas secreções sexuais. Se você fosse uma mulher, o processo do ataque seria semelhante, a diferença é que o demônio teria a aparência de seu objeto de desejo sexual masculino; portanto, se o seu objeto de desejo sexual fosse o Brad Pitt, por exemplo, seria essa a aparência que o demônio teria antes do ataque. Esses ataques são terríveis tanto para mulheres quanto para homens, mas existe uma maneira de evitá-los, que é entoando o Salmo 90, revestido de fé. Para quem não conhece esse Salmo, eu o descreverei abaixo:

1. Tu que habitas sob a proteção do Altíssimo, que moras à sombra do Onipotente,
2. dize ao Senhor: Sois meu refúgio e minha cidadela, meu Deus, em quem eu confio.
3. É ele quem te livrará do laço do caçador, e da peste perniciosa.
4. Ele te cobrirá com suas plumas, sob suas asas encontrarás refúgio. Sua fidelidade te será um escudo de proteção.

5. Tu não temerás os terrores noturnos, nem a flecha que voa à luz do dia,
6. nem a peste que se propaga nas trevas, nem o mal que grassa ao meio-dia.
7. Caiam mil homens à tua esquerda e dez mil à tua direita, tu não serás atingido.
8. Porém verás com teus próprios olhos, contemplarás o castigo dos pecadores,
9. porque o Senhor é teu refúgio. Escolheste, por asilo, o Altíssimo.
10. Nenhum mal te atingirá, nenhum flagelo chegará à tua tenda,
11. porque aos seus anjos ele mandou que te guardem em todos os teus caminhos.
12. Eles te sustentarão em suas mãos, para que não tropeces em alguma pedra.
13. Sobre serpente e víbora andarás, calcarás aos pés o leão e o dragão.
14. Pois que se uniu a mim, eu o livrarei; e o protegerei, pois conhece o meu nome.
15. Quando me invocar, eu o atenderei; na tribulação estarei com ele. Hei de livrá-lo e o cobrirei de glória.
16. Será favorecido de longos dias, e mostrar-lhe-ei a minha salvação.

Sonhos simbólicos

Segundo a Wikipédia, a enciclopédia livre, o termo "símbolo" tem origem no grego *symbolon* (σύμβολον), e designa um tipo de signo em que o significante representa algo abstrato (religiões, nações, quantidades de tempo ou matéria, etc.) por força de convenção, semelhança ou contiguidade semântica (como no caso da cruz que representa o Cristianismo, porque ela é uma parte do todo, que é a imagem do Cristo morto). Charles Sanders Pierce desenvolveu uma classificação geral dos signos. Sendo o signo um "símbolo" que é algo que sempre vai representar outra coisa (para alguém).

O símbolo é um elemento essencial no processo de comunicação, encontrando-se difundido pelo cotidiano e pelas mais variadas vertentes do saber humano. Embora existam símbolos que são reconhecidos internacionalmente, outros só são compreendidos dentro de um determinado grupo ou contexto, seja religioso, cultural, etc. Os símbolos intensificam a relação com o transcendente.

A representação específica para cada símbolo pode surgir como resultado de um processo natural ou pode ser convencionada de modo que o receptor (uma pessoa ou grupo específico de pessoas) consiga fazer a interpretação de seu significado implícito e seja capaz de lhe atribuir determinada conotação. Essa representação pode também estar mais ou menos relacionada fisicamente com o objeto ou ideia que simboliza, podendo não só ser uma representação gráfica ou tridimensional, como também sonora ou mesmo gestual.

Em se tratando de sonhos, não existe nenhum dicionário que mostre verdadeiramente o significado daquilo que sonhamos como costumeiramente vemos por aí nas livrarias e bancas de jornal. Citando alguns exemplos, é comum nos depararmos com livros e revistas que dizem coisas como: sonhar com café derramado é isso, sonhar com açúcar caído é aquilo, sonhar com cobra é tal coisa, e assim por diante. Isso tudo é bobagem, é fantasia e não existe; e, no caso de tais interpretações calharem com a vida real, saiba que isso pode ser apenas mera coincidência. O significado de sonhar com uma cobra para quem mora na roça é completamente diferente do sentido do sonho, de uma pessoa que mora na cidade. Quando falamos de sonhos a verdade é que cada pessoa tem seus próprios símbolos, que estão ligados diretamente à sua experiência de vida. Sendo assim, cada indivíduo possui seus próprios símbolos de acordo com sua vivência pessoal. Para que isso fique bem entendido, darei um exemplo de como funciona esse mecanismo.

Vamos supor que você é uma criança. Você está sentado na mesa tomando café com sua família e, de repente, sua prima entra, desesperada, pela porta gritando: "Meu Deus! Meu Deus! Meu Deus! Meu pai acaba de morrer lá em casa! Por favor, nos acudam! Alguém chame um médico!". Por causa de todo esse desespero, você se levanta de modo brusco e sua xícara de café se espatifa no chão, espalhando café para todos os lados. Você, então, com seus pais, sai correndo e vai até a casa de sua prima ver o que está acontecendo. Chegando lá, seu tio está caído ao lado da mesa, ele teve um ataque do coração fulminante. Nessa ocasião, você era uma criança e esse fato marcou para sempre a sua vida. Então, dali por diante, você começa a perceber que, toda vez que você sonha com café caído, morre algum parente ou conhecido seu, ou seja, o café esparramado, para você, tornou-se um símbolo de morte. Isso não quer dizer que café caído tenha um significado de morte para todas as pessoas; apenas para você esse símbolo é verdadeiro.

A explicação para esse sonho é a seguinte: como já vimos anteriormente, a dimensão astral antecede a dimensão física; sendo assim, por causa daquele fato que marcou muito sua vida, o qual, antes de acontecer fisicamente, aconteceu no astral, todas as vezes que você sonha com café caído, automaticamente você sabe que alguém próximo vai morrer, por causa da relação entre café derramado e morte. Nesse caso, para você, o café caido se tornou um símbolo anunciador da morte; assim, quando você vê o café derramado no astral, você sabe, com certeza quase absoluta, que alguém próximo a você irá morrer.

Todos nós possuímos inúmeros símbolos, o problema é que a maioria de nós não valoriza nem se importa muito com os sonhos. Muitas vezes, sonhamos repetidamente com algumas coisas e não nos atentamos para o fato de que, toda vez que sonhamos com elas, acontece algo em nosso cotidiano. Devemos valorizar os sonhos, porque eles nos mostram a realidade antes que ela aconteça, portanto, conhecendo o mundo dos sonhos, podemos fazer o que chamamos de oniromancia, ou seja, adivinhação por meio dos sonhos.

Oniromancia, segundo a Wikipédia, é a adivinhação do futuro pela interpretação dos sonhos. Técnica que foi muito difundida no Ocidente e foi citada por Carl Gustav Jung, em vários de seus trabalhos, como sendo uma forma realmente eficiente de analisar a condição da psique do consulente. Ele considerava os sonhos não só como uma externalização de desejos ocultos, mas, também, como uma ferramenta da psique que busca o equilíbrio por meio da compensação.

A técnica consiste na análise minuciosa das figuras e fatos ocorridos por parte do oniromante, que tece entre essas figuras e fatos relações e teias de significados que são supostamente capazes de apontar acontecimentos em um futuro próximo.

A oniromancia é praticada desde os tempos imemoriáveis por várias civilizações, como a egípcia, a grega, a civilização maia e a bantu, sendo que o mais antigo registro de interpretação dos sonhos data do início de nossa era, no antigo Egito e em Caldeia.

Como vocês puderam observar cada pessoa tem seus próprios símbolos, mesmo assim sempre será necessário analisarmos o contexto de cada sonho para sabermos se realmente foi um sonho simbólico ou simplesmente qualquer outro tipo de sonho, como os já mencionados anteriormente.

Existem, sim, símbolos especiais, que são universais, e cujos significados são semelhantes em qualquer parte do mundo, como, por exemplo, sonhar com os quatro elementos da Natureza: o fogo, a água, o ar e a terra. O fogo representa o animal, ou seja, a emoção; a água representa o vegetal, ou seja, a vida; o ar representa o homem, ou seja, a mente; a terra representa o reino mais inferior, o mineral. Portanto, os verdadeiros sonhos simbólicos do astral são aqueles ligados ao fogo, à água, ao ar e à terra.

O fogo representa a purificação e está ligado ao Sol e o Sol representa 99,8% do Sistema Solar. Quando sonhamos com fogo e nos sentimos bem, significa que estamos em um processo de purificação ou de crescimento espiritual; por outro lado, se nos sentirmos mal, vendo-nos no meio de labaredas, pressentindo a morte, normalmente o significado é de remorso ou de culpa por algo muito ruim que fizemos.

A água também representa purificação, porém em um grau muito menor do que o fogo. Quando a pessoa sonha que está tomando água limpa ou nadando tranquila em um lago de águas cristalinas, ou tomando banho de cachoeira, isso está ligado à vida e a um processo de limpeza. O batismo, por exemplo, representa a purificação e está conexo ao simbolismo da água. Por outro lado, quando sonhamos com rios turbulentos de águas poluídas e de que estamos lutando para sair, significa que há um conflito interno por causa de algo que está nos perturbando, ou algo que outra pessoa esteja fazendo que nos preocupa, ou seja, nesse caso, o significado não está ligado à purificação.

A mitologia tem exemplos fabulosos sobre o processo de purificação tanto do fogo quanto da água. Como, por exemplo, a história de Aquiles que foi o sétimo filho de Peleu com Tétis. Tétis, não aceitando a mortalidade de seu filho, tentou imortalizá-lo. Ela fez isso, primeiro, através do ritual do fogo, segurando Aquiles pelos calcanhares e banhando-o no fogo e, depois, pelo ritual da água, também o segurando pelo calcanhar e mergulhando-o nas águas sagradas do Rio Estige. Tanto em um ritual como no outro, ela não conseguiu purificá-lo por completo e ele acabou sendo morto por uma flechada no calcanhar, que fora o único lugar que não tinha sido purificado, pois era a parte do corpo que estava envolvida pelas mãos de Tétis enquanto o segurava. Esse fato deu origem ao termo "calcanhar de aquiles", referindo-se ao ponto fraco de alguém.

O ar representa o homem, a mente. O ar nos dá uma sensação de leveza e de espiritualidade. Quando uma pessoa se vê, em sonho, no meio de uma ventania, em lugares altos, em cima de picos de montanhas, voando ou pilotando aviões e se sente bem, o significado é de experiências relacionadas com o lado mental. De outro modo, se a pessoa sonha com um vento perturbador, que traz água, sujeira, pedaços de objetos, etc., isso significa um estado de alma inquieta, cheia de preocupações e compromissos que a pessoa não está conseguindo resolver.

Quando uma pessoa sonha com qualquer coisa relacionada com a terra, significa que ela tem ligações com o elemento terra. Por exemplo, o símbolo terra é quando uma pessoa se encontra envolvida com compromissos e está preocupada com sua própria missão ou com seus bens materiais, imóveis, veículos, negócios, etc.; ou com a morte de alguma pessoa próxima; ou quando percebe que está chegando ao fim de algum período em sua vida, como, por exemplo, encerrando um período profissional, filosófico, religioso, etc. Todas as situações que determinam o fim, como a morte, o término de alguma missão ou a perda de algum bem, ou, ainda, a luta para conquista do sucesso ou de bens pessoais, todas essas circunstâncias levam a pessoa a ter sonhos simbólicos sempre relacionados com o elemento terra. Nesse caso, ela pode sonhar que está mexendo com terra, escalando ou descendo montanhas ou qualquer outra coisa que envolva a terra. O tipo de sonho que o indivíduo vai ter, será de acordo com o envolvimento emocional que ele está tendo no momento; por exemplo, se está passando por algo que exige luta e esforço, ele pode sonhar que está subindo uma montanha; se for algo que o obrigue a ceder, provavelmente ele sonhará que está descendo a montanha, ou seja, saindo do topo rumo à parte de baixo.

A serpente, ou cobra, também é um símbolo universal. Ela representa a expulsão do paraíso, o início de tudo, que foi quando ganhamos a mente e começamos a pensar; quando deixamos de ser um homem animal para nos tornarmos um homem racional. A serpente, portanto, representa toda a transformação de um ser ignorante em um ser de luz, um ser que conseguiu a consciência, a sabedoria e o conhecimento. A serpente tem um significado muito forte. Sonhar com serpente é sonhar com consciência, sabedoria, conhecimento, etc. Na Grécia Antiga, nos templos, as pitonisas, que eram as advinhas, dormiam com cobras amarelas, porque as serpentes permitiam que elas tivessem capacidade de adivinhar.

Ao analisarmos os sonhos simbólicos relacionados aos quatro elementos da Natureza ou a qualquer outro símbolo universal, como a serpente, temos de tomar muito cuidado para não confundi-los com sonhos de outros tipos. Por exemplo: se você passou parte da noite em volta de uma fogueira e depois sonhou com fogo, é evidente que seu sonho não foi simbólico, mas, sim, de origem física, por causa dos aspectos visuais, por você ter estado muito tempo perto do fogo. Se você, por exemplo, visitou um zoológico e viu muitos tipos de cobras e depois sonhou com elas, obviamente seu sonho não foi simbólico, foi um sonho que, por aspectos visuais, trouxe à sua consciência essa situação, talvez porque você tenha sentido muito medo ou nojo quando viu as cobras.

Foi por essa razão, a de você poder distinguir os tipos de sonhos, que fiz este livro seguindo uma ordem específica, para que, à medida que fosse lendo, quando chegasse até aqui, neste capítulo, você já soubesse discernir a diferença entre os diversos tipos de sonhos.

Além desses símbolos universais que mencionei antes (os quatro elementos da Natureza e a serpente), existem muitos outros tão importantes quanto eles, sobre os quais falarei mais a diante, no capítulo referente aos sonhos simbólicos de origem mental.

De posse desse conhecimento, caberá a você, daqui em diante, quando sonhar, prestar atenção tanto em seus sonhos, quanto em seu dia a dia, subsequente a eles, para, quando acontecer alguma coisa, você ter condições de verificar se o ocorrido teve alguma relação com os seus sonhos e, também, para que você possa descobrir seus próprios símbolos. Esse é o primeiro passo para você se tornar um mago dos sonhos.

Sonhos lúcidos

Chamamos de sonhos lúcidos o fenômeno de sabermos, dentro do sonho, que estamos sonhando. São sonhos nos quais podemos controlar tanto nossas ações quanto o desenrolar do seu conteúdo. São tão claros (lúcidos) e nítidos que acabamos confundindo o sonho com a realidade.

Por exemplo, você entra em uma briga no astral e sua luta parece tão real que, quando você toma um soco na boca, sente, efetivamente, o gosto do sangue na língua. No momento em que o bombadão que está brigando com você o agarra, você pode sentir até o fedor do suor do sovaco dele. Então, quando você acorda, fica confuso sem saber se a briga foi real ou não de tão fidedigno que foi seu sonho.

Outro exemplo que posso citar: você encontra com uma garota no astral e dá um beijo tão gostoso nela que sente o gosto de sua saliva em sua boca, sente até o pulsar de seu coração junto a seu peito. Quando você acorda, fica na dúvida se aquilo foi sonho ou realidade.

Podemos fazer coisas extraordinárias dentro dos sonhos. coisas as quais muitos achariam inacreditáveis. No começo deste texto, eu disse que no sonho lúcido nós sabemos que estamos dentro do sonho e que podemos controlar tanto nossas ações quanto o desenrolar do conteúdo do sonho. Sei que isso pode parecer inconcebível, mas, para ilustrar as possibilidades e o poder que podemos ter com esse conhecimento, vou dar como exemplo o que eu mesmo fiz dentro de um sonho para resolver um problema que eu estava tendo.

Em 2007 inaugurei uma de minhas empresas em um dos melhores locais de São Paulo/SP. Essa empresa estava indo muito bem. Em um belo dia, apenas um mês depois da inauguração, um fiscal da prefeitura apareceu na nossa empresa e disse para meu sócio que nós não tínhamos licença de funcionamento e que teríamos uma semana para consegui-la, caso contrário, ele pediria para lacrar a empresa (lacrar significa fechar sua empresa para você não entrar e, consequentemente, não fazê-la funcionar. Eles escrevem em sua porta o termo "Lacrada" e colocam blocos gigantes de concreto na frente para que você fique impossibilitado de entrar). Perguntamos para o fiscal por que eles estavam exigindo nossa licença já que as duas empresas que estavam no mesmo prédio há muito tempo também não a tinham, assim como mais de 90% das empresas de São Paulo. Então, ele nos disse que alguém, anonimamente, havia nos denunciado e, quando isso ocorria, eles eram obrigados a multar e exigir a licença. Sendo assim, ele lavrou a multa e nos deu o prazo de uma semana. Foi daí que descobri que, quando nossos concorrentes não conseguem ter o mesmo sucesso que a gente, em vez de trabalharem melhor, eles preferem nos destruir.

O imóvel em que nossa empresa estava sediada não tinha um documento chamado Certificado de Regularidade da Edificação. Naquela época, sem esse documento jamais conseguiríamos tirar a licença. Por causa disso, entramos em desespero, pois tínhamos quase certeza de que teríamos de fechar, afinal não tínhamos o certificado e não conseguiríamos tirá-lo, ou seja, além do imóvel não ser nosso, ele estava irregular.

Nessa época, eu já estudava sonhos há muito tempo e, portanto, sabia que poderia encontrar uma solução neles. Comecei a saturar minha mente com o problema, pensando e buscando soluções diariamente. Foi aí que, certo dia, fui dormir e pensei comigo mesmo: "Preciso de uma solução para o meu problema e quero sonhar com essa saída". Fiz isso várias vezes, inundando minha mente com essa vontade até que um dia sonhei com um amigo que é assessor parlamentar de um político que também é meu amigo. Dentro desse sonho percebi rapidamente que eu estava sonhando e pensei comigo mesmo no sonho: "É agora! Vou pedir ajuda para esse político para que ele interceda a meu favor junto à prefeitura para que eu consiga a licença". Então, no sonho, eu me vi no gabinete desse político, conversei com meu amigo e pedi para falar com o parlamentar. Meu amigo entrou na sala do político e logo em seguida veio me buscar. O político me pediu para sentar e me perguntou como ele poderia me ajudar, então, eu contei o que estava acontecendo e ele disse que deixasse o assunto com ele que ele iria resolver.

Um dia depois eu estava na minha empresa quando tocou o telefone. Era a secretária do político com quem eu havia sonhado me convidando para um café. Esse político iria ser candidato novamente para as próximas eleições e estava convidando seus amigos para um encontro no qual exporia seu plano de governo.

No dia combinado cheguei ao evento, ouvi atentamente tudo o que ele explanava e depois fomos todos tomar o café. Nesse momento, fui falar com ele e expus meu problema. Então, ele tirou seu celular do bolso e ligou diretamente para o subprefeito da região pedindo que nos deixasse em paz. Quinze dias depois estávamos com a nossa licença nas mãos. No astral ele já tinha prometido me ajudar, dizendo que poderia deixar o assunto com ele. Esse ato somente confirmou o que ele já havia me dito no astral, que me auxiliaria.

Regras devem ser consideradas nesse tipo de sonho: nunca podemos fazer nada que infrinja o livre-arbítrio de ninguém. Nunca podemos fazer nada que transgrida os princípios de ética, justiça e moral, ou seja, não devemos fazer nada que não poderíamos executar se estivéssemos acordados.

Esse tipo de sonho é o caminho inicial para entrarmos conscientemente nos sonhos lúcidos mentais e, posteriormente, nos espirituais.

Sonhos de Origem Mental

Sonhos de origem mental são aqueles relacionados à dimensão mental, a dimensão para onde vamos, depois da dimensão astral, logo após a nossa morte e, também, todos os dias enquanto dormimos.

Os sonhos de origem mental são similares aos sonhos de origem astral, a diferença é que seu foco é na mente, ou seja, são aqueles que acontecem a partir de nossas percepções mentais, como a dedução, indução, o raciocínio, a lógica e a razão.

A qualidade dos sonhos de origem mental está intimamente ligada à qualidade dos nossos pensamentos. Como mencionamos anteriormente, na dimensão mental, semelhante atrai semelhante; portanto, se formos dormir com bons pensamentos, atrairemos bons sonhos; por outro lado, se formos dormir com maus pensamentos, teremos sonhos ruins.

Para entender melhor, falarei novamente, um pouco mais, sobre os temperamentos humanos. Como já vimos, existem quatro tipos de temperamentos, cada um deles ligado a um tipo de sentimento. São eles: o colérico, ligado à ira ou raiva; o oposto desse, que é o fleumático, ligado ao medo; o sanguíneo, ligado à alegria; e o oposto desse, que é o melancólico, ligado à tristeza ou melancolia. Cada um desses temperamentos está conexo também a um tipo de pensamento: o colérico está vinculado à ira ou à raiva, consequentemente está atrelado a pensamentos construtivos e de autoconfiança; portanto, é um temperamento conectado à ação, ao raciocínio, à lógica, à indução e à dedução. O oposto dele, que é o fleumático, está ligado ao sentimento do medo, consequentemente esse temperamento está vinculado a um pensamento debilitante. O sanguíneo está ligado à alegria, logo, está unido ao pensamento positivo e o oposto dele, que é o melancólico, está atrelado ao medo, por conseguinte está ligado aos pensamentos negativos e destrutivos.

Isso significa que a qualidade dos nossos sonhos de origem mental também está diretamente vinculada ao nosso tipo de temperamento; nesse caso, é essencial que consigamos harmonizar nossos temperamentos para que tenhamos tanto sonhos de origem astral como de origem mental equilibrados. Escrevi um livro fabuloso sobre esse assunto chamado *Decifrando os Temperamentos Humanos*, que é a mais completa publicação lançada no Brasil referente aos tipos de temperamentos humanos. Nesse livro defino, minuciosamente, todos os detalhes sobre os quatro tipos humanos e ensino sobre a influência de cada um deles em nossas vidas e como fazer para que nos tornemos equilibrados. Vale a pena estudá-lo para se conhecer melhor e se equilibrar de acordo com seu próprio temperamento.

Tudo que sentimos e pensamos, ou seja, tudo que entra por nossos cincos sentidos (tudo que já vimos, escutamos, cheiramos, experimentamos e sentimos) fica registrado dentro de nós para sempre. É por isso que, anteriormente, falei sobre a importância de desenvolvermos as nossas sete capacidades mentais, principalmente a capacidade sensória, que é aquela pela qual trazemos o mundo exterior para dentro do nosso mundo interior. Quanto mais ricos formos interiormente, maior será nossa capacidade de sonhar. Isso significa que a nossa quantidade de sonhos de origem mental depende da qualidade e da quantidade de pensamentos que tivermos dentro de nós; daí a importância de estudarmos os temperamentos humanos para procurarmos ser pessoas equilibradas, pois o melhor modo de entrarmos no mundo mental é estar equilibrado tanto emocional quanto mentalmente.

Todos os nossos sonhos também ficam registrados dentro de nós para sempre. Isso equivale a dizer que tudo que já pensamos, vimos, escutamos, cheiramos, experimentamos e sentimos dentro dos sonhos ficará armazenado dentro de nós; a partir daí podemos ter uma ideia de quão importantes são os sonhos em nossas vidas. Agora, imagine se você tivesse um mecanismo para acessar esses arquivos e extrair deles todas as informações. Falarei sobre isso mais tarde, quando mostrarei o processo de como nos lembrarmos dos sonhos.

Já sabemos que a nossa quantidade de sonhos de origem mental depende da qualidade e da quantidade de nossos pensamentos, mas do que adianta saber disso se não conseguirmos entrar na dimensão mental quando formos dormir? Na maioria das vezes, entrar na dimensão mental não está sob nosso controle, mas existem algumas iniciativas que podemos tomar para facilitar esse processo, e uma delas é dormir de barriga para cima pensando no problema e buscando soluções. A outra é, quando formos dormir, imaginarmos nosso corpo astral a um palmo acima de nós e ao mesmo tempo pensarmos no problema e buscarmos soluções. Essas práticas facilitam a saída do nosso corpo tanto astral quanto mental e, consequentemente, nossa ida para o mundo astral e depois para o mental. Existem outras formas para conseguirmos entrar na dimensão mental, como, por exemplo, desenvolver o chacra cardíaco através de certo tipo de Ioga.

Os sonhos de origem mental são também divididos em dois tipos, que são: os sonhos mentais que acontecem dentro do nosso ovo áurico mental e os que acontecem fora dele. Os sonhos dentro de nosso ovo mental são aqueles relacionados à nossa própria realidade e os que acontecem fora dele são aqueles que têm relação com o verdadeiro mundo mental ou mundo mental dos desencarnados.

Na introdução deste livro mencionei o fato de sofrermos, diariamente, pesadas cargas emocionais, principalmente em um país repleto de corrupção como o nosso, com problemas políticos, crime organizado, desemprego, inflação, violência. Sofremos, também, com todos os demais problemas que vemos atualmente pelo mundo, como o terrorismo, a iminência de uma guerra nuclear e até mesmo de uma terceira guerra mundial. Além disso, temos de enfrentar os conflitos no trabalho; as mágoas, as tristezas, decepções, etc. Quando o sonho de origem astral acontece dentro de nosso ovo áurico, possibilita que equilibremos nossos sentimentos, nossas emoções e compensemos tudo de ruim que nos acontece durante o dia. Também permite que realizemos todas as nossas fantasias, principalmente aquelas que não podemos concretizar no mundo físico por questões morais, de intolerância, discriminação, preconceito ou até mesmo pela ignorância das pessoas. Nos sonhos de origem mental, o processo é exatamente o mesmo, a diferença é que, em vez de o foco estar nos sentimentos e nas emoções, está no pensamento.

Dentro do ovo áurico mental

Os sonhos dentro do nosso ovo áurico mental são aqueles relacionados com a nossa própria realidade. Normalmente são bem simples de ser identificados, porque estão relacionados com nossos problemas diários.

Nossa consciência não nos deixa sofrer com perturbações mentais por muito tempo, portanto, toda vez que estamos diante de algum problema complexo o qual não estamos conseguindo resolver, ao dormirmos, nossos pensamentos se acalmam e, nesse estado, nosso cérebro se torna muito mais poderoso, fazendo com que soluções que não havíamos pensado brotem em nossa mente, o que ocorre, muitas vezes, por meio dos sonhos.

É muito comum profissionais que trabalham em áreas que exijam muito raciocínio como, por exemplo, programação de computadores, engenharia, estatística, etc. irem dormir com um problema que não estão conseguindo resolver durante o dia e, à noite, acabam sonhando com a situação e acordam com a solução.

Sonhos de compensação

No nosso cotidiano passamos por enorme quantidade de contextos que podem nos causar uma série de perturbações mentais, como, por exemplo, resolver problemas complexos urgentes em nosso trabalho. Na maioria das vezes, a responsabilidade de solucionar esse tipo de problema é única e exclusivamente nossa e, quando isso acontece, sofremos inquietações por estarmos de mãos atadas, mas não há outra alternativa senão nós mesmos encontrarmos a saída. Isso poderia ser ainda pior se não tivéssemos um mecanismo de escape, pois poderíamos entrar em depressão ou até mesmo ficarmos loucos. Esse mecanismo são os sonhos, com eles podemos compensar as perturbações que passamos quase diariamente e encontrar o equilíbrio. Esse processo ficará mais claro com o exemplo que darei a seguir.

Você é um programador de computadores e recebe como tarefa desenvolver um programa altamente complexo. Então, seu chefe, que é um daqueles caras mandões, grossos e estúpidos, lhe dá um prazo curto, praticamente impossível de se cumprir e, percebendo que você está com dificuldade, começa a atacá-lo com suas grosserias, dizendo que você não serve para nada, que você é ignorante e incompetente e que nem sabe por que ainda não o demitiu. Obviamente que, para não perder o emprego, você fica calado, mas mentalmente se sente perturbado. Você sabe que não é burro nem incompetente, mas, por causa da pressão do prazo, sua mente fica turbulenta e prejudica seu raciocínio. Então, você vai para casa com esse problema martelando na cabeça e, quando dorme, sonha com uma solução inédita. No dia seguinte, você vai até seu chefe e fala: "O programa já está pronto, testado e funcionando". Então, seu chefe olha para você com cara de espanto, porque, na verdade, nem ele mesmo sabia que aquilo poderia ser feito. Você não diz mais nada e simplesmente volta satisfeito para a sua mesa se sentindo inteligente. Você foi compensado por intermédio do sonho.

Sonhos de equilíbrio

Muitas vezes, em nossas vidas, por esforço próprio, por sorte, por azar ou simplesmente por uma obra do destino, podemos acabar frequentando ou sendo obrigado a frequentar lugares nos quais as pessoas tenham um nível de conhecimento maior que o nosso, tenham instrução ou riqueza muito superiores, ou seja, lugares que ainda não estamos totalmente preparados para frequentar. Isso é muito bom, porém, principalmente no começo, pode nos gerar certo desconforto mental por não conseguirmos acompanhar o nível das conversas que percorrem nos bate-papos. Por exemplo, durante uma festa, podemos estar em uma roda de pessoas que estão falando sobre o mercado financeiro, bolsa de valores, ações, commodities ou qualquer outro assunto sobre o qual ainda não estamos preparados para discutir. Isso, na verdade, é ótimo, porque temos a oportunidade de nos inteirarmos sobre esses assuntos, mas, pode, também, fazer com que nos sintamos inferiores. Normalmente, o mais comum nesses casos é que fiquemos calados com medo de dar uma opinião que pareça idiota e que denunciaria nosso pouco conhecimento, e acabamos nos sentindo um peixinho fora da água.

Entretanto, nossa mente não nos deixa ficar perturbados por muito tempo, sentindo-nos inferiores; ela age para que isso não aconteça, como demonstrarei no exemplo a seguir.

Você pode não ter tido capacidade de demonstrar sua inteligência no mundo real, enquanto participava daquele bate-papo com seus novos amigos naquela festa. Por conta disso, para não ficar mentalmente desequilibrado, você sonha com uma situação contrária a essa. Sonha que está em uma festa, não só discutindo sobre assuntos complexos, mas, também, instruindo as pessoas sobre como lidar com aquele determinado assunto. O mecanismo dos sonhos, por um meio desconhecido, disparou um sonho na sua mente com o intuito de evitar um desequilíbrio mental.

Sonhos de fantasia

Como já vimos, fantasias são todos aqueles desejos impossíveis de se realizar ou aqueles sonhos que são inexequíveis em determinada fase de nossa vida ou, ainda, aqueles que não temos nenhum plano em ação para realizá-los. Os sonhos de fantasia podem ter um apelo emocional, como falamos anteriormente, ou um enfoque mental, como falaremos neste capítulo. Tanto as fantasias de cunho emocional quanto as de cunho mental são parte importante em nossas vidas e tanto uma quanto a outra acabam nos frustrando porque não são realizáveis. Essas frustrações têm o poder de nos causar perturbações emocionais ou mentais, dependendo do tipo e, até mesmo, em último caso, nos levar à depressão, também emocional ou mental, dependendo do tipo. Nossa consciência é sábia e, para evitar que soframos com os desapontamentos advindos da não realização de nossas fantasias, utiliza-se do mecanismo dos sonhos, fazendo com que possamos concretizar, em sonho, aquilo que não podemos realizar fisicamente, como veremos nos exemplos em seguida:

Neste exemplo, você é um estudante de engenharia que é fã do seriado *Jornada nas Estrelas*. Você já assistiu aos filmes que passou no cinema e acompanhou toda a série da TV. Todos os dias você pensa consigo mesmo: "Eu vou construir um teletransporte", mas, no dia a dia, o que você faz mesmo é trabalhar em uma indústria automobilística supervisionando mecânicos. Sua vida não é nada do que você imaginava quando decidiu estudar engenharia. Na verdade, ela é um tédio: de casa para o serviço e do serviço para casa. Então, você nutre essa fantasia de criar o teletransporte enquanto está dentro do busão indo trabalhar. Um belo dia, você sonha que é um engenheiro cientista e que está em um congresso nos Estados Unidos apresentando sua invenção, que revolucionará o mundo das viagens, tanto terrestres como intergalácticas. Um público enorme assiste a você, enquanto demonstra, em uma enorme tela, todas as fórmulas matemáticas que comprovam sua descoberta. Depois disso, você acorda mais tranquilo e segue novamente, de busão, para o trabalho. Esse exemplo demonstra como o mecanismo do sonho evita que uma fantasia tome conta de sua vida, e esse processo impede que você se torne uma pessoa frustrada e, consequentemente, amargurada.

Neste outro exemplo você é um cientista que adora viagens no tempo. Quando era criança assistiu a todos os filmes da série *Túnel do Tempo* e, posteriormente, aos filmes da série *De Volta para o Futuro*. Agora, você nutre o desejo de descobrir o mecanismo que permita viajar no tempo. Então, você sonha que está escrevendo em um quadro negro uma fórmula matemática gigante, e essa é a fórmula da sua máquina do tempo, que já está quase construída. Então, você olha para ela e, ao mesmo tempo, observa novamente o quadro negro, pensando consigo mesmo: "Falta muito pouco". Esse sonho alimenta sua esperança de construir uma máquina do tempo, fazendo com que no dia seguinte você acorde contente para mais um dia de trabalho. Novamente, o mecanismo do sonho evitou que você se frustrasse ou até mesmo entrasse nas raias da loucura por não ter conseguido concretizar sua fantasia na vida real, mas realizando-a em sonho.

Sonhos de orientação

Como vimos anteriormente, tomar decisões nem sempre é muito fácil, ainda mais se considerarmos que nas inúmeras vezes em que elas são imprescindíveis, normalmente não estamos preparados para encará-las ou simplesmente não temos tempo para juntar todas as informações necessárias que nos permitam tomar a decisão mais acertada.

Muitas vezes, principalmente em nosso trabalho, deparamo-nos com problemas altamente complexos que exigem de nós um enorme esforço mental para solucioná-los. Quando os problemas são complexos, é muito comum encontrarmos várias soluções diferentes, mas o que é difícil nessas situações é decidir qual a melhor opção para que o resultado seja mais eficaz.

Possuímos dentro de nós todos os conhecimentos necessários para tomarmos a melhor decisão, porém, em muitas ocasiões, não temos tempo suficiente para agregar todos os detalhes e seguir em frente; então, o problema fica martelando em nossa mente e acaba nos paralisando por causa do medo de tomar a decisão errada.

Quando isso ocorre, nossa consciência, em sua enorme sabedoria, utilizando-se do mecanismo dos sonhos, orienta-nos, mostrando qual o melhor caminho a seguir. Nossa consciência não nos deixa viver em constante preocupação, ela se vale justamente dos sonhos para eliminar as dificuldades e nos mostrar o caminho mais correto. A seguir, mostrarei como funciona esse fantástico processo através de um exemplo.

Você é um advogado de defesa contratado por um criminoso que esfaqueou a amante dele com 20 facadas. Todas as evidências apontam que seu cliente é culpado, mas seu dever como advogado é livrá-lo da condenação provando o contrário. Você se reúne com o réu e faz um levantamento minucioso de tudo o que ocorreu no dia do crime, tentando montar uma história que possa convencer o júri de que aquela morte não foi premeditada, mas, sim, um acidente lamentável, acontecido em um momento de completo descontrole emocional por causa de uma traição. Você está com muitas informações na cabeça. Sabe que seu cliente é culpado, conhece o motivo do crime, a data do acontecimento, onde ocorreu, quantas facadas foram dadas, etc. Você está trabalhando nesse caso até tarde da noite por muitos meses e está exausto. O julgamento está próximo e você ainda não tem nenhuma história convincente para contar ao júri. Então, um dia antes do julgamento você trabalha o dia todo até de madrugada, tentando montar a melhor defesa para seu cliente. Abatido, você vai dormir e, quase na hora de se levantar, você sonha com o julgamento e acorda eufórico. Já sabe o que fazer; então, anota todos os detalhes do seu sonho e parte para o tribunal. Todas as testemunhas são ouvidas e o advogado de acusação expõe as evidências que apontam, claramente, que seu cliente é culpado e encerra sua narrativa. Agora é a sua vez, você se levanta e caminha calmamente para mais perto do júri, mas, antes, você pega a faca que foi exposta como prova e a leva consigo. Você diz: "Senhores e senhoras do júri, aqui está a arma que supostamente meu cliente usou para matar a vítima. Segundo as provas, foram 20 facadas, mas, se meu cliente quisesse realmente matar sua esposa, bastaria apenas uma facada direto no coração. Isso não lhes parece estranho? Vocês acham que esse tipo de atitude condiz com um homem em seu perfeito estado de lucidez? Agora, eu vou lhes mostrar o laudo do legista que descreve onde cada facada foi dada e qual a profundidade de cada uma delas". Você descreve ferimento por ferimento, mostrando ao júri que nenhuma das facadas foi mais profunda do que alguns centímetros abaixo da pele. Você explana: "Vocês acham que um homem em seu estado normal, disposto a matar sua esposa, teria feito apenas leves furos? Não, senhores, ele teria enfiado a faca até o cabo e terminado logo com o serviço". Você termina sua narrativa dizendo: "Pensem bem e decidam se isso é coisa de um assassino frio e cruel ou de uma pessoa que não estava de posse de suas faculdades mentais. A decisão é de vocês". Depois disso, o júri se reúne e o veredito é: "O júri considerou o réu inocente de crime premeditado".

O que ocorreu nesse caso foi que esse advogado, quando estudou o ocorrido, tinha centenas de informações em sua cabeça e, no sonho, enxergou a saída que, conscientemente, não conseguia enxergar por causa da quantidade enorme de informações. Esse exemplo, embora longo, mostra como o mecanismo dos sonhos pode nos orientar com um problema complexo.

Sonhos repetitivos

Como vimos anteriormente, os sonhos repetitivos começam a acontecer toda vez que temos uma experiência marcante em nossas vidas, seja ela emocional ou mental. A partir desse ponto, cada vez que tivermos uma experiência semelhante, não necessariamente igual, nossa consciência acessa em nosso hipocampo o mesmo tipo de sonho, fazendo com que ele se repita.

Considerando o caso do advogado de defesa do exemplo anterior, casos marcantes como esse podem levar uma pessoa a ter um sonho repetitivo. Sendo assim, toda vez que esse advogado tiver um caso difícil, pode ser que sonhe repetidamente com aquele cliente que libertou. A única maneira de ele se libertar desse sonho repetitivo é descobrir que o sonho está ocorrendo por causa daquele caso que foi marcante em sua vida.

Fora do ovo áurico mental

Fora do ovo áurico, ou seja, no verdadeiro mundo mental, quem comandará a região para onde iremos enquanto sonhamos e, consequentemente, conduzirá as experiências que iremos ter, são os nossos pensamentos, ou seja, o nosso estado mental. Portanto, a maneira como nós pensamos é que provocará o tipo de experiência no mental correspondente e decidirá onde iremos vivenciá-la. Assim, conforme vimos anteriormente, no capítulo referente à dimensão mental, dependendo de nossos pensamentos, iremos para regiões dos inférios, do purgatório inferior, do purgatório superior ou para a região conhecida como céu mental ou devakan e teremos, em uma dessas regiões, nossa experiência mental correspondente.

O mundo mental é um mundo fantástico, é um lugar onde podemos ter experiências enriquecedoras e aprender muito, como você poderá observar pelos diversos exemplos que darei em seguida.

Sonhos correspondentes

No mundo existem quatro tipos de pessoas, divididas em quatro temperamentos básicos, que são: o colérico; o oposto dele, que é o fleumático; o sanguíneo; e o oposto dele, que é o melancólico. Esses, por sua vez, se dividem em mais três, totalizando 12 tipos de seres humanos ou 12 tipos de temperamentos; porém, para explicarmos o funcionamento dos sonhos correspondentes, falaremos apenas dos quatro tipos básicos, os que nos interessam no momento.

Como vimos anteriormente, uma das principais leis da dimensão mental é a lei que semelhante atrai semelhante; portanto, cada tipo de temperamento irá para uma região correspondente no mental de acordo com suas características.

O tipo colérico tem muita energia e muita excitação e está sempre bravo, a qualquer momento do dia ou da noite. Se você encontrar com esse tipo de pessoa, ele estará sempre nervoso, xingando, discutindo, brigando e vermelho de raiva. Esse tipo de pessoa é altamente colérico, a expressão do seu rosto praticamente não mostra outra coisa a não ser a ira ou a raiva.

Em termos de pensamento, o colérico está sempre pensando no futuro. Gosta de mandar, é do tipo líder e usa muito verbo enquanto fala; sendo assim, uma pessoa desse tipo de temperamento, em sonho, não iria para outro lugar no mental senão para uma região dos líderes e onde tivesse muita energia e muita excitação, onde tivesse muita discussão, muito confronto e muita briga, ou seja, uma região do mental correspondente ao seu temperamento.

O tipo fleumático está sempre parado; quanto mais parado ele estiver, mais ele vai gostar, pois ele tem preguiça de tudo. Para arrancar esse tipo de pessoa do sofá é a coisa mais difícil do mundo. Somente dois tipos de coisas o motivam: comer comida gostosa e fazer sexo, preferencialmente de maneira passiva, e o restante não interessa. Tais pessoas são verdadeiras lesmas de tão lentas que são; esse tipo de pessoa não iria para outra região no mental, senão para onde pudesse ficar parado descansando, comendo comida gostosa e fazendo sexo.

O tipo sanguíneo é o tipo de pessoa aérea, que está sempre distraída; é irresponsável, vive o tempo inteiro na rua, adora se divertir, é alegre e descontraída. Se você pensar em alguma pessoa sanguínea, certamente você se lembrará de alguém que conheceu em alguma festa ou quando estava se divertindo em algum lugar. Portanto, esse tipo de pessoa não iria para outra região no mental senão para a região dos otimistas da alegria, das festas e da descontração.

O tipo melancólico é terrível, só fala em desgraça, doença, catástrofe. Vive magoado, chateado, aborrecido, amargurado, ressentido, triste, infeliz, reclama e fala mal de tudo e de todos. Além disso tem seu pensamento voltado para o passado. Portanto, esse tipo de pessoa não iria para outro lugar no mental senão para a região dos pessimistas e dos saudosistas.

Uma pessoa que pensa em suicídio, quando adormece, não vai para outra região do mental senão para a região dos suicidas e, como no mental semelhante atrai semelhante, ele se encontrará com outros suicidas; consequentemente, seu pensamento de suicídio tende a se fortalecer e, por causa disso, poderá acabar se matando.

Esses exemplos ilustram muito bem o cuidado que temos de ter com nossos pensamentos e com nosso estado de ser, pois a consequência de sermos pessoas desequilibradas pode ser devastadora para nossas vidas. É preciso equilibrar os quatro temperamentos para que possamos aproveitar melhor os benefícios de ir para a dimensão mental. Se estivermos equilibrados ao entrar no mundo mental, será muito mais fácil de estudá-lo e, consequentemente, de tirarmos proveito disso, conseguindo assim evoluir muito mais.

Por esses exemplos, podemos concluir também que os sonhos retratam as experiências de nossa alma, portanto, mesmo que queiramos negar, nossos sonhos revelarão exatamente quem somos. Isso significa que conhecendo os nossos sonhos podemos nos autoconhecer e, conhecendo os sonhos das outras pessoas, podemos saber exatamente quem são, mesmo que elas queiram esconder, ou seja, dize-me com o que sonhas que te direi quem és.

Sonhos com encarnados

Como já vimos, são habitantes da dimensão mental os encarnados como você e eu, que podemos também estar por lá em uma viagem mental. Portanto, encontrar um conhecido nessa dimensão é muito comum.

Nessa dimensão você poderá, por exemplo, encontrar com algum amigo, trocar ideias ou informações, falar de negócios ou discutir soluções para algum problema, e assim por diante, ou seja, você terá condições de realizar qualquer atividade que exija o pensar.

Sonhos com desencarnados

Tão comum quanto encontrar com alguém que está vivo no mental é se encontrar com alguém morto, como, por exemplo, um parente, um amigo ou um conhecido que já faleceu.

Mas lembre-se de que não é uma boa ideia obter informações importantes com um morto, afinal não é porque a pessoa está morta que ela tem um conhecimento assertivo, muito pelo contrário, ela pode ter morrido e levado consigo muita ignorância. É melhor perguntar alguma coisa para um vivo do que para um morto, pelo menos o vivo poderá pesquisar e lhe dar a informação correta.

Sonhos com entidades típicas

Na vastíssima região mental, podemos encontrar, em sonho, com os fisicamente vivos, com os desencarnados em transição e com toda espécie de formas de pensamento.

Sonhos simbólicos

A definição que dei anteriormente no capítulo sobre os sonhos simbólicos de origem astral é exatamente a mesma para os sonhos de origem mental. A diferença é que nos sonhos simbólicos de origem mental o foco, em vez de estar nos sentimentos e nas emoções, está na mente, ou seja, o foco está nos pensamentos. Portanto, qualquer dos exemplos dados no capítulo dos sonhos simbólicos de origem astral serve também para este tópico; entretanto, aqui, em vez de a pessoa estar sentindo, ela está pensando. Porém, para que não restem dúvidas, darei outro exemplo:

A flor também é um símbolo universal. Esse símbolo pode estar revestido tanto de alegria quanto de tristeza, isso porque normalmente usamos flores em duas situações: em festejos ou em caso de morte.

Vamos supor que seu pai morreu quando você tinha 10 anos de idade. Seu pai era o cara mais legal que você conhecia. Ele era seu herói, era quem o levava para passear, quem jogava bola e tomava sorvete com você. Você o amava demais. Um belo dia, você entra em casa e vê sua mãe chorando muito. Então, você lhe pergunta: "O que foi, mãe?" Ela começa a chorar mais ainda e, soluçando, lhe diz que seu pai faleceu. Como você era uma criança, não entendeu direito o que ela quis dizer; sua mãe, então, fala: "Seu papai não vem mais para casa, ele morreu, meu filho". Você, soluçando, pergunta: "Mas por que, mãe?" Ela responde: "Filho, ele morreu". No velório você chega próximo ao caixão e vê seu papai deitado. Milhares de pensamentos invadem sua mente. Você escuta um zum zum zum de gente falando e sente um leve perfume de rosas que emana do local. Esse episódio marcou para sempre a sua vida, por isso, quando adulto, você começa a perceber que, algumas vezes, do nada, em qualquer local, como, por exemplo, andando na rua, você sente cheiro de rosas, e toda vez que você sente esse aroma lhe vem um pensamento de morte na cabeça e algum conhecido próximo morre.

Como já expliquei anteriormente, as coisas, tanto no astral como no mental, acontecem antes de acontecer no plano físico; portanto, nesse exemplo, o perfume de rosas se tornou para a pessoa um símbolo anunciador da morte e, quando em um sonho de origem mental essa pessoa viu a morte, ela acorda com esse pensamento e, por causa disso, acaba sentindo o cheiro de rosas. Assim, ela toma ciência de que algum conhecido dela vai morrer. Isso raramente falha e também demonstra, mais uma vez, que a maioria dos símbolos é pessoal. Neste exemplo, embora a rosa seja um símbolo universal, o emblema anunciador da morte não é ela, mas, sim, seu perfume.

Existem símbolos universais cujos significados são válidos para todos os povos, como, por exemplo: o fogo, a água, o ar, a terra, a serpente e a flor. Esses símbolos são válidos tanto para os sonhos astrais, como já citei anteriormente, como para os sonhos mentais. A diferença é a mesma; enquanto no astral o enfoque está nos sentimentos e nas emoções, no mental está no pensamento.

Existem diversos outros símbolos considerados universais que são superimportantes para entendermos o significado dos sonhos simbólicos. Discorrerei sobre eles mais abaixo quando falar acerca de alguns sonhos significativos.

Sonhos regionais, grupais, familiares e individuais

Antes de falarmos o que são sonhos regionais, grupais e familiares, é importante entendermos o significado de egrégora. Quanto aos sonhos individuais, eles se referem a todos aqueles tipos de sonhos que vimos até agora, ou seja, são os sonhos particulares que cada indivíduo tem.

Segundo a Wikipédia, "Egrégora, ou egrégoro (do grego *egrêgorein*, "velar, vigiar"), é como se denomina a força espiritual criada a partir da soma de energias coletivas (mentais, emocionais) fruto da congregação de duas ou mais pessoas. O termo pode também ser descrito como um campo de energias extrafísicas criadas no plano astral a partir da energia emitida por um grupo de pessoas através de seus padrões vibracionais".

Segundo as doutrinas que aceitam a existência de egrégoras, elas estão presentes em todas as coletividades, sejam nas mais simples associações ou mesmo nas assembleias religiosas. Sendo assim, todos os agrupamentos humanos possuem suas egrégoras características (empresas, clubes, igrejas, famílias, partidos, etc.), nas quais as energias dos indivíduos se unem e formam uma entidade autônoma e mais poderosa.

A egrégora é capaz de realizar no mundo visível e palpável as suas aspirações transmitidas ao mundo invisível pela coletividade geradora. Em miúdos, uma egrégora participa ativamente de qualquer meio, seja ele físico ou abstrato. Quando a energia é deliberadamente gerada, ela forma um padrão, ou seja, tem a tendência de se manter como está e de influenciar o meio ao seu redor. No mais, as egrégoras podem ser descritas como concentrações ou "esferas" energéticas criadas quando várias pessoas têm um mesmo objetivo comum. Trata-se de um conceito místico-filosófico com vínculos muito próximos à teoria das formas-pensamento, na qual todo pensamento e energia gerada têm existência, podendo circular livremente pelo Cosmo.

Pode-se exemplificar o conceito de egrégoras ao analisar um ambiente hospitalar, no qual o principal objetivo dos circunstantes é promover a cura, independentemente do êxito. Portanto, um hospital carregaria consigo uma concentração de energias que buscam a cura e esta estaria por todo canto – no chão, nas paredes, no nome do hospital –, recebendo e influenciando o pensamento coletivo e o moral de seus frequentadores (funcionários, pacientes e visitantes). Da mesma maneira, uma missa ou um encontro de algumas ou muitas pessoas voltadas para promover um mesmo fim, seja a cura de alguém, o fim de um problema ou a superação de uma perda, teria um grande poder de formar energias positivas e, por meio delas, promover mudanças.

Qualquer tipo de congregação é, portanto, condição crucial para formação de uma egrégora, que são as muitas mentes voltadas para um único objetivo que gera a concentração de energia.

Dito isso, podemos afirmar que sonhos regionais, grupais e familiares são aqueles atrelados a uma determinada egrégora, ou seja, são sonhos comuns relacionados a povos de uma determinada região, a um grupo ou família.

Sonhos significativos

Sonhos significativos são sonhos simbólicos relacionados com os símbolos universais, aqueles símbolos cujos significados são semelhantes em qualquer parte do mundo.

Quando sonhamos com um determinado símbolo e sabemos qual o seu significado, automaticamente entendemos o sonho e nos tornamos capazes de interpretá-lo. Portanto, conhecer o significado dos símbolos universais é de suma importância para compreendermos os sonhos. A seguir exponho o significado de alguns símbolos universais.

Fogo: representa o animal, ou seja, a emoção. Representa também purificação e crescimento espiritual. Está ligado ao Sol.

Água: representa o vegetal, ou seja, a vida. Representa também purificação, mas em um nível inferior se comparada ao Fogo.

Ar: representa o homem, ou seja, a mente e, também, leveza e espiritualidade.

Terra: representa o reino mais inferior, que é o mineral. Representa, também, o carma.

Serpente: representa sabedoria, transformação, renovação, retorno, reencarnação ou ciclos.

Flor: representa alegria, festejo, tristeza, nascimento, morte. É um símbolo dual.

Olho: sonhar com olho significa sonhar com anjos, querubins ou serafins.

Dente: significa vergonha, perda, menosprezo, diminuição da autoestima, etc.

Nu: sonhar que se está nu significa sentimento de culpa por ter feito ou deixado de fazer alguma coisa.

Monte: crescimento, espiritualidade.

Abismo: declínio, encrenca, problemas pesados, etc.

Abelha: crescer, evoluir, espiritualidade, fertilidade, saúde, etc.

Formiga: trabalho, sofrimento, carma, coisas pesadas.

Borboleta: liberdade, nova consciência, evolução, etc.

Pomba: espiritualidade.

Cavalo: símbolo de carregar coisas fortes, missão forte; relacionado com os quatro cavaleiros do apocalipse.

Gafanhoto: representa o sagrado, algo que aplica o carma; uma das piores pragas do Egito.

Gato: mistério, ocultismo, bruxaria, noite.

Gigante: representa o crescimento, para castigar ou libertar.

Anão: simplicidade para libertar ou se menosprezar.

Ilha: isolamento.

Jardim: felicidade.

Rato: sonhar com coisas ruins, lixo, escória.

Sapo: magia.

Águia: renascimento, poder, inteligência superior, domínio, poder, comando, etc.

Cão: relacionado à morte e ao inferno e também à lealdade. O cão é o guia do homem na noite de sua morte e seu companheiro do dia durante a vida.

Caduceu de Mercúrio: contém todas as chaves das potencialidades, dons e virtudes humanas.

Galo: possui todo o conhecimento da política e da ética.

Outros símbolos importantes: cabra, bode, cordeiro, cruz, espada, tridente, pentagrama, etc.

Não é intenção deste livro explicar o significado de todos os símbolos universais. O primordial é conhecermos o significado dos símbolos mais importantes e saber que cada um está agregado a um conhecimento. Portanto, se conhecermos o significado de um símbolo, podemos decifrar o sonho.

Sonhos lúcidos

A diferença entre os sonhos lúcidos astrais e os sonhos lúcidos mentais está apenas no enfoque, que no astral é nos sentimentos e nas emoções, e no mental é no pensamento. A seguir descreverei novamente o que são sonhos lúcidos, dando os mesmos exemplos, mas, desta vez, quando você ler, imagine-se pensando nas situações e não as sentindo.

Chamamos de sonhos lúcidos o fenômeno de sabermos, dentro do sonho, que estamos sonhando. São sonhos nos quais podemos controlar tanto nossas ações quanto o desenrolar de seu conteúdo. São tão claros (lúcidos) e nítidos que acabamos confundindo o sonho com a realidade.

Por exemplo, você entra em uma briga no astral e sua luta parece tão real que, quando você toma um soco na boca, sente, efetivamente, o gosto do sangue na língua. Quando o bombadão que está brigando o agarra, você pode sentir até o fedor do suor do sovaco dele. Então, quando você acorda, você fica confuso sem saber se a briga foi real ou não de tão fidedigno que foi o seu sonho.

Outro exemplo que posso citar: você encontra com uma garota no astral e dá um beijo tão gostoso nela que sente o gosto de sua saliva em sua boca, sente até o pulsar do seu coração junto ao seu peito. Quando você acorda fica na dúvida se aquilo foi sonho ou realidade.

Podemos fazer coisas extraordinárias nos sonhos. Coisas as quais muitos achariam inacreditáveis. No começo deste texto, eu disse que no sonho lúcido nós sabemos que estamos dentro do sonho e que podemos controlar tanto nossas ações quanto o desenrolar do conteúdo do sonho. Sei que isso pode parecer inconcebível, mas, para ilustrar as possibilidades e o poder que podemos ter com esse conhecimento, vou dar como exemplo o que eu mesmo fiz dentro de um sonho para resolver um problema que eu estava tendo.

Em 2007 inaugurei uma de minhas empresas em um dos melhores locais de São Paulo/SP. Essa empresa estava indo muito bem. Em um belo dia, apenas um mês depois da inauguração, um fiscal da prefeitura apareceu em nossa empresa e disse para meu sócio que não tínhamos licença de funcionamento e que teríamos uma semana para consegui-la, caso contrário, ele pediria para lacrar a empresa (lacrar significa fechar a sua empresa para você não entrar e, consequentemente, não fazê-la funcionar. Eles escrevem em sua porta o termo "Lacrada" e colocam blocos gigantes de concreto na frente para que você fique impossibilitado de entrar). Perguntamos para o fiscal por que eles estavam exigindo nossa licença, já que as duas empresas que ficavam no mesmo prédio há muito tempo também não a tinham, assim como mais de 90% das empresas de São Paulo. Então, ele nos disse que alguém, anonimamente, havia nos denunciado e, quando isso ocorria, eles eram obrigados a multar e exigir a licença. Sendo assim, ele lavrou a multa e nos deu o prazo de uma semana. Foi daí que descobri que, quando nossos concorrentes não conseguem ter o mesmo sucesso que a gente, ao invés de trabalharem melhor, eles preferem nos destruir.

O imóvel em que nossa empresa estava sediada não tinha um documento chamado Certificado de Regularidade da Edificação. Naquela época, sem esse documento nós jamais conseguiríamos tirar a licença. Por causa disso, entramos em desespero, pois tínhamos quase certeza de que teríamos de fechar, afinal não tínhamos o certificado e não conseguiríamos tirá-lo, ou seja, além do imóvel não ser nosso, ele estava irregular.

Nessa época, eu já estudava sonhos há muito tempo e, portanto, sabia que poderia encontrar uma solução neles. Comecei a saturar minha mente com o problema, pensando e buscando soluções diariamente. Foi aí que, certo dia, fui dormir e pensei comigo mesmo: "Preciso de uma solução para o meu problema e quero sonhar com essa saída". Fiz isso várias vezes, inundando minha mente com essa vontade, até que um dia sonhei com um amigo que é assessor parlamentar de um político que também é meu amigo. Dentro desse sonho percebi rapidamente que eu estava sonhando e pensei comigo mesmo no sonho: "É agora! Vou pedir ajuda para esse político para que ele interceda a meu favor junto à prefeitura para que eu consiga a licença". Então, no sonho, me vi no gabinete desse político, conversei com meu amigo e pedi para falar com o parlamentar. Meu amigo entrou na sala do político e logo em seguida veio me buscar. O político me pediu para sentar e me perguntou como ele poderia me ajudar. Então, contei o que estava acontecendo e ele disse que deixasse o assunto com ele que iria resolver.

Um dia depois eu estava na minha empresa quando tocou o telefone. Era a secretária do político com quem eu havia sonhado me convidando para um café. Esse político iria ser candidato novamente para as próximas eleições e estava convidando seus amigos para um encontro no qual exporia seu plano de governo.

No dia combinado cheguei ao evento, ouvi atentamente tudo o que ele explanava e depois fomos todos tomar o café. Nesse momento, fui falar com ele e expus meu problema, então ele tirou seu celular do bolso e ligou diretamente para o subprefeito da região pedindo que nos deixasse em paz. Quinze dias depois estávamos com a nossa licença nas mãos. No astral ele já tinha prometido me ajudar, dizendo que poderia deixar o assunto com ele. Esse ato somente confirmou o que ele já havia me dito no astral, que me auxiliaria.

Regras devem ser consideradas nesse tipo de sonho: nunca podemos fazer nada que infrinja o livre-arbítrio de ninguém. Nunca podemos fazer nada que transgrida os princípios de ética, justiça e moral, ou seja, não devemos fazer nada que não poderíamos executar se estivéssemos acordados.

Esse tipo de sonho é o caminho inicial para entrarmos conscientemente nos sonhos lúcidos mentais e, posteriormente, nos espirituais.

Sonhos de criatividade

Os sonhos de criatividade estão ligados a duas coisas muito importantes: a primeira é o desenvolvimento de nossas sete capacidades mentais, principalmente a capacidade intelectual. A segunda é nosso estado de ser, ou seja, nosso equilíbrio mental e emocional. Isso ocorre porque os sonhos de criatividade normalmente acontecem na quarta divisão mental, conhecida como Céu Astral ou Devakan, que é região onde predominam os pensamentos claros, precisos, coerentes, lógicos e criativos.

Como já vimos, na dimensão astral e mental semelhantes se atraem; portanto, quem comanda para qual das regiões do mental iremos, enquanto sonhamos, é o nosso estado mental, consequentemente jamais iremos para o Céu Astral ou Devakan sem que nossa capacidade intelectual esteja desenvolvida ou se estivermos desequilibrados mentalmente; assim sendo, é primordial mais uma vez ressaltar a importância de desenvolvermos nossas sete capacidades mentais e o nosso equilíbrio tanto mental como emocional para que possamos vivenciar as experiências no Céu Astral. Ou seja, sem desenvolvermos nossas sete capacidades mentais e nosso equilíbrio, jamais teremos sonhos de criatividade, pois, no mental, semelhante atrai semelhante, e, se estivéssemos nessas condições de subdesenvolvimento mental ou em desequilíbrio, não iríamos para o céu mental.

Existem alguns sonhos conhecidos que exemplificam muito bem o que vem a ser um sonho de criatividade. Vou relatar a seguir alguns deles.

O primeiro exemplo é sobre o inventor da máquina de costura chamado Elias Howe. Certo dia, Elias Howe trabalhou o dia inteiro, desde a manhazinha até tarde da noite, tentando, sem sucesso, o que já tinha buscado centenas de vezes: inventar a máquina de costura. Por mais que ele se aventurasse, toda vez que ele tentava costurar as agulhas quebravam. Naquele dia ele trabalhou muito e, já exausto, foi dormir. Mais tarde, à noite, sonhou que estava na África e era perseguido por vários índios (nesse sonho, os índios representam a ignorância de Elias Howe diante de sua tentativa de descobrir a máquina de costura). Howe corria (sua correria representa seu cansaço por ter trabalhado por longas horas) tentando, desesperado, escapar, até que, em um determinado momento, se viu encurralado diante de um barranco e todos os índios o cercavam apontando suas lanças e flechas (as lanças e flechas representam as agulhas de sua máquina de costura). Então, um clarão se abriu entre os índios de onde apareceu o cacique e colocou uma enorme lança próxima à testa de Howe. Quando ele encarou a lança percebeu que a ponta era plana e tinha um furo. Quando acordou, ele gritou: "Eureca!", e desceu para o seu ateliê no porão. Chegando lá, pegou uma das agulhas, achatou a ponta, fez um furo e colocou na máquina de costura e, tic tic tic, a máquina funcionou perfeitamente. Esta história pode ser encontrada na biografia de Elias Howe e é um exemplo clássico de como funciona um sonho de criatividade.

O segundo exemplo refere-se à descoberta da fórmula do benzeno por Kekulé. O químico alemão Friedrich August Kekulé Von Stradonitz (1829-1896) foi um dos pioneiros da química orgânica teórica.

Kekulé foi aclamado por ter resolvido uma das questões que desafiavam os cientistas em meados do século XIX: a fórmula estrutural do benzeno.

Os químicos da época já conheciam a composição do benzeno. Ela foi descoberta pelo físico e químico Michael Faraday (1791-1867) em 1825 e era usada no gás de iluminação utilizado em Londres. Além disso, o químico Eilhardt Mitscherlich determinou, no ano de 1834, que o benzeno era composto por seis átomos de carbono e seis átomos de hidrogênio.

Faltava, agora, estabelecer a estrutura do benzeno de uma forma que explicasse seu comportamento químico, justificando como seis átomos de carbono podiam estar associados a somente seis átomos de hidrogênio em uma substância altamente estável e resistente a muitos ataques por combinação química.

Isso representou um problema porque os químicos do fim do século XIX raciocinavam apenas em termos de cadeias abertas e não pensavam em cadeias fechadas, conforme sabemos, hoje, que o benzeno é uma cadeia fechada.

Mas Kekulé dedicou-se intensamente ao estudo das ideias que ele mesmo formara das valências dos átomos e da natureza de suas ligações e como isso levaria à estrutura do benzeno. Então, segundo suas próprias palavras, certo dia ele estava escrevendo seu livro-texto quando voltou sua cadeira para a lareira e começou a dormir. Kekulé passou a ter um sonho em que ele via os átomos como que dançando à sua frente e os grupos menores ficavam mais atrás. Então, ele distinguiu cadeias longas girando e torcendo-se como cobras. De repente, uma das cobras mordeu sua própria cauda.

Quando acordou e passou a colocar esse sonho à prova no mundo real, ele fez a relação entre a disposição dos átomos na molécula do benzeno com aquela cobra que mordia a sua cauda em seu sonho, ou seja, ele compreendeu que isso formaria um ciclo de forma hexagonal.

Sua ideia realmente estava correta. De início, Kekulé acreditava que só haveria ligações simples entre os carbonos, porém, mais tarde, ele propôs que existiria uma alternância entre ligações simples e duplas.

Na época, Louis Pasteur (1822-1895) disse: "É bem verdade que o sonho de Kekulé o ajudou, porém foi sua dedicação e constantes estudos que o levaram ao sonho e à sua aplicação. No campo da observação o acaso favorece apenas a mente preparada".

Eu, particularmente, não concordo com Louis Pasteur. Para mim, o acaso não existe, portanto, a meu ver, o que levou Kekulé a descobrir a fórmula do benzeno foi seu alto desenvolvimento mental, que comandou sua entrada na dimensão mental correspondente (céu astral) onde acontecem os sonhos de criatividade, dimensão na qual ele estava quando sonhou com a fórmula em três dimensões. Obviamente que Louis Pasteur não estava totalmente errado, afinal de contas somente uma pessoa preparada sonharia com algo semelhante.

Existem diversos outros exemplos, como o do pintor Paul Klee que sonhava com suas pinturas. Todos os quadros que Paul Klee pintou, porque tinha sonhado com eles, fizeram um enorme sucesso, enquanto todos os que ele pintou partindo de sua própria cabeça eram uma porcaria e ninguém queria comprar.

Talvez o mecanismo dos sonhos não possa ser explicado cientificamente, mas isso não significa que ele não funcione. Como eu sempre digo, o que a ciência já comprovou é infinitamente menor do que os eventos que ela ainda irá comprovar. Portanto, não acreditar em certas coisas é se limitar mentalmente.

Sonhos de Origem Espiritual

Sonhos de origem espiritual ou proféticos são aqueles que acontecem enquanto estamos em sono profundo, quando adentramos na dimensão espiritual.

Tudo começa com a prática. Primeiramente, se não conseguimos nos lembrar de nossos sonhos, temos de treinar para começar a lembrar. Falaremos sobre isso no capítulo final deste livro. Depois, temos de conhecer e saber identificar todos os tipos de sonhos. Temos de saber o que são sonhos de origem física, vital, astral dentro do ovo áurico, astral fora do ovo áurico, mental dentro do ovo áurico, mental fora do ovo áurico. Precisamos saber o que são sonhos simbólicos e conhecer os principais símbolos. Assim, seremos capazes de decifrar a maioria de nossos sonhos e também os sonhos de outras pessoas. Dessa forma, gradativamente, começaremos a ter sonhos lúcidos astrais e, depois, sonhos lúcidos mentais. Começaremos, então, a interagir conscientemente dentro dos sonhos e, finalmente, com o desenvolvimento da nossa consciência, despertaremos a capacidade de entrar de maneira consciente no mundo espiritual.

Como já mencionei, o mundo espiritual é o mundo da verdade, e ele antecede a todos os outros mundos. Portanto, o objetivo final de estudarmos os sonhos é alcançar um nível de consciência que nos permita ser capazes de entrar conscientemente no mundo espiritual.

Entrando conscientemente no mundo espiritual, teremos condições de profetizar, ou seja, teremos intuição. Podemos dizer que intuição é uma capacidade superior às capacidades de pressentimento, premonição e precognição, pois essas estão ligadas às dimensões vital e mental e podem ser mudadas, enquanto a intuição é uma percepção inerente à dimensão espiritual e, portanto, não pode ser mudada.

Como o mundo espiritual é o mundo da verdade e o que acontece nele, seja bom ou ruim, não pode ser mudado, a intuição é a capacidade de enxergar um fato com todos os detalhes acontecendo ao longo do tempo em todas as suas fases e permitindo, assim, que realizemos profecias, ou seja, que possamos revelar a verdade antes que ela aconteça, como ocorre em alguns exemplos bíblicos que darei no próximo capítulo.

Ver um fato acontecendo ao longo do tempo seria, por exemplo, como no caso de um acidente em que você vê, em seu sonho, alguém entrando no carro para viajar, vê o carro em alta velocidade na estrada e vê outro carro se aproximando; então, você vê os dois carros se chocando e um corpo despedaçado sendo arremessado para fora de um dos veículos na hora da batida.

A intuição pode ter relação tanto com fatos ruins quanto com fatos bons e, atualmente, é um dos conhecimentos mais procurados por grandes empresários, que fazem cursos para despertar esse estado de consciência a fim de tomar decisões mais assertivas dentro de suas empresas. O que seria realmente um enorme diferencial.

Dito isso, acredito que todos já perceberam o poder que temos nas mãos caso alcancemos esse nível de consciência.

Sonhos bíblicos

A Bíblia Sagrada não proíbe o estudo dos sonhos, tanto que ela é recheada de passagens sobre sonhos, principalmente, acerca de sonhos proféticos e de origem mental. Como exemplo, descreverei a história de José, que é cheia de sonhos proféticos, começando em Gênesis 37 e terminando em Gênesis 50.

O sonho de José

1. Jacó habitou na terra de Canaã, onde seu pai tinha vivido como estrangeiro.
2. Esta é a história da família de Jacó: Quando José tinha dezessete anos, pastoreava os rebanhos com os seus irmãos. Ajudava os filhos de Bila e os filhos de Zilpa, mulheres de seu pai; e contava ao pai a má fama deles.
3. Ora, Israel gostava mais de José do que de qualquer outro filho, porque lhe havia nascido em sua velhice; por isso mandou fazer para ele uma túnica longa.
4. Quando os seus irmãos viram que o pai gostava mais dele do que de qualquer outro filho, odiaram-no e não conseguiam falar com ele amigavelmente.
5. Certa vez, José teve um sonho e, quando o contou a seus irmãos, eles passaram a odiá-lo ainda mais.
6. "Ouçam o sonho que tive", disse-lhes.

7. "Estávamos amarrando os feixes de trigo no campo, quando o meu feixe se levantou e ficou em pé, e os seus feixes se ajuntaram ao redor do meu e se curvaram diante dele."

8. Seus irmãos lhe disseram: "Então você vai reinar sobre nós? Quer dizer que você vai nos governar?" E o odiaram ainda mais, por causa do sonho e do que tinha dito.

9. Depois teve outro sonho e o contou aos seus irmãos: "Tive outro sonho, e desta vez o sol, a lua e onze estrelas se curvavam diante de mim".

10. Quando o contou ao pai e aos irmãos, o pai o repreendeu e lhe disse: "Que sonho foi esse que você teve? Será que eu, sua mãe e seus irmãos viremos a nos curvar até o chão diante de você?"

11. Assim seus irmãos tiveram ciúmes dele; o pai, no entanto, refletia naquilo.

José é vendido pelos irmãos

12. Os irmãos de José tinham ido cuidar dos rebanhos do pai, perto de Siquém,

13. E Israel disse a José: "Como você sabe, seus irmãos estão apascentando os rebanhos perto de Siquém. Quero que você vá até lá". "Sim, senhor", respondeu ele.

14. Disse-lhe o pai: "Vá ver se está tudo bem com os seus irmãos e com os rebanhos, e traga-me notícias". Jacó o enviou quando estava no vale de Hebrom. Mas José se perdeu quando se aproximava de Siquém;

15. Um homem o encontrou vagueando pelos campos e lhe perguntou: "Que é que você está procurando?".

16. Ele respondeu: "Procuro meus irmãos. Pode me dizer onde eles estão apascentando os rebanhos?".
17. Respondeu o homem: "Eles já partiram daqui. Eu os ouvi dizer: 'Vamos para Dotã'". Assim José foi em busca dos seus irmãos e os encontrou perto de Dotã.
18. Mas eles o viram de longe e, antes que chegasse, planejaram matá-lo.
19. "Lá vem aquele sonhador!", diziam uns aos outros.
20. "É agora! Vamos matá-lo e jogá-lo num destes poços, e diremos que um animal selvagem o devorou. Veremos então o que será dos seus sonhos."
21. Quando Rúben ouviu isso, tentou livrá-lo das mãos deles, dizendo: "Não lhe tiremos a vida!".
22. E acrescentou: "Não derramem sangue. Joguem-no naquele poço no deserto, mas não toquem nele". Rúben propôs isso com a intenção de livrá-lo e levá-lo de volta ao pai.
23. Chegando José, seus irmãos lhe arrancaram a túnica longa,
24. agarraram-no e o jogaram no poço, que estava vazio e sem água.
25. Ao se assentarem para comer, viram ao longe uma caravana de ismaelitas que vinha de Gileade. Seus camelos estavam carregados de especiarias, bálsamo e mirra, que eles levavam para o Egito.
26. Judá disse então a seus irmãos: "Que ganharemos se matarmos o nosso irmão e escondermos o seu sangue?
27. Vamos vendê-lo aos ismaelitas. Não tocaremos nele, afinal é nosso irmão, é nosso próprio sangue". E seus irmãos concordaram.

28. Quando os mercadores ismaelitas de Midiã se aproximaram, seus irmãos tiraram José do poço e o venderam por vinte peças de prata aos ismaelitas, que o levaram para o Egito.

29. Quando Rúben voltou ao poço e viu que José não estava lá, rasgou suas vestes

30. e, voltando a seus irmãos, disse: "O jovem não está lá! Para onde irei agora?".

31. Então eles mataram um bode, mergulharam no sangue a túnica de José

32. e a mandaram ao pai com este recado: "Achamos isto. Veja se é a túnica de teu filho".

33. Ele a reconheceu e disse: "É a túnica de meu filho! Um animal selvagem o devorou! José foi despedaçado!".

34. Então Jacó rasgou suas vestes, vestiu-se de pano de saco e chorou muitos dias por seu filho.

35. Todos os seus filhos e filhas vieram consolá-lo, mas ele recusou ser consolado, dizendo: "Não! Chorando descerei à sepultura para junto de meu filho". E continuou a chorar por ele.

36. Nesse meio tempo, no Egito, os midianitas venderam José a Potifar, oficial do faraó e capitão da guarda.

Judá e Tamar

1. Por essa época, Judá deixou seus irmãos e passou a viver na casa de um homem de Adulão, chamado Hira.

2. Ali Judá encontrou a filha de um cananeu chamado Suá e casou-se com ela. Ele a possuiu,

3. ela engravidou e deu à luz um filho, ao qual ele deu o nome de Er.

4. Tornou a engravidar, teve um filho e deu-lhe o nome de Onã.
5. Quando estava em Quezibe, ela teve ainda outro filho e chamou-o Selá.
6. Judá escolheu uma mulher chamada Tamar para Er, seu filho mais velho.
7. Mas o Senhor reprovou a conduta perversa de Er, filho mais velho de Judá, e por isso o matou.
8. Então Judá disse a Onã: "Case-se com a mulher do seu irmão, cumpra as suas obrigações de cunhado para com ela e dê uma descendência a seu irmão".
9. Mas Onã sabia que a descendência não seria sua; assim, toda vez que possuía a mulher do seu irmão, derramava o sêmen no chão para evitar que seu irmão tivesse descendência.
10. O Senhor reprovou o que ele fazia, e por isso o matou também.
11. Disse então Judá à sua nora Tamar: "More como viúva na casa de seu pai até que o meu filho Selá cresça", porque temia que ele viesse a morrer, como os seus irmãos. Assim Tamar foi morar na casa do pai.
12. Tempos depois morreu a mulher de Judá, filha de Suá. Passado o luto, Judá foi ver os tosquiadores do seu rebanho em Timna com o seu amigo Hira, o adulamita.
13. Quando foi dito a Tamar: "Seu sogro está a caminho de Timna para tosquiar suas ovelhas",
14. ela trocou suas roupas de viúva, cobriu-se com um véu para se disfarçar e foi sentar-se à entrada de Enaim, que fica no caminho de Timna. Ela fez isso porque viu que,

embora Selá já fosse crescido, ela não lhe tinha sido dada em casamento.

15. Quando a viu, Judá pensou que fosse uma prostituta, porque ela havia encoberto o rosto.

16. Não sabendo que era a sua nora, dirigiu-se a ela, à beira da estrada, e disse: "Venha cá, quero deitar-me com você". Ela lhe perguntou: "O que você me dará para deitar-se comigo?".

17. Disse ele: "Eu lhe mandarei um cabritinho do meu rebanho". E ela perguntou: "Você me deixará alguma coisa como garantia até que o mande?".

18. Disse Judá: "Que garantia devo dar-lhe?"

    Respondeu ela: "O seu selo com o cordão, e o cajado que você tem na mão". Ele os entregou e a possuiu, e Tamar engravidou dele.

19. Ela se foi, tirou o véu e tornou a vestir as roupas de viúva.

20. Judá mandou o cabritinho por meio de seu amigo adulamita, a fim de reaver da mulher sua garantia, mas ele não a encontrou,

21. e perguntou aos homens do lugar: "Onde está a prostituta cultual que costuma ficar à beira do caminho de Enaim?"

    Eles responderam: "Aqui não há nenhuma prostituta cultual".

22. Assim ele voltou a Judá e disse: "Não a encontrei. Além disso, os homens do lugar disseram que lá não há nenhuma prostituta cultual".

23. Disse Judá: "Fique ela com o que lhe dei. Não quero que nos tornemos objeto de zombaria. Afinal de contas, mandei a ela este cabritinho, mas você não a encontrou".

24. Cerca de três meses mais tarde, disseram a Judá: "Sua nora Tamar prostituiu-se, e na sua prostituição ficou grávida". Disse Judá: "Tragam-na para fora e queimem-na viva!".

25. Quando ela estava sendo levada para fora, mandou o seguinte recado ao sogro: "Estou grávida do homem que é dono destas coisas". E acrescentou: "Veja se o senhor reconhece a quem pertencem este selo, este cordão e este cajado".

26. Judá os reconheceu e disse: "Ela é mais justa do que eu, pois eu devia tê-la entregue a meu filho Selá". E não voltou a ter relações com ela.

27. Quando lhe chegou a época de dar à luz, havia gêmeos em seu ventre.

28. Enquanto ela dava à luz, um deles pôs a mão para fora; então a parteira pegou um fio vermelho e amarrou o pulso do menino, dizendo: "Este saiu primeiro".

29. Mas, quando ele recolheu a mão, seu irmão saiu, e ela disse: "Então você conseguiu uma brecha para sair!" E deu-lhe o nome de Perez.

30. Depois saiu seu irmão que estava com o fio vermelho no pulso, e foi-lhe dado o nome de Zera.

José e a mulher de Potifar

1. José havia sido levado para o Egito, onde o egípcio Potifar, oficial do faraó e capitão da guarda, comprou-o dos ismaelitas que o tinham levado para lá.

2. O Senhor estava com José, de modo que este prosperou e passou a morar na casa do seu senhor egípcio.

3. Quando este percebeu que o Senhor estava com ele e que o fazia prosperar em tudo o que realizava,

4. Agradou-se de José e tornou-o administrador de seus bens. Potifar deixou a seu cuidado a sua casa e lhe confiou tudo o que possuía.

5. Desde que o deixou cuidando de sua casa e de todos os seus bens, o Senhor abençoou a casa do egípcio por causa de José. A bênção do Senhor estava sobre tudo o que Potifar possuía, tanto em casa como no campo.

6. Assim, deixou ele aos cuidados de José tudo o que tinha, e não se preocupava com coisa alguma, exceto com sua própria comida. José era atraente e de boa aparência,

7. e, depois de certo tempo, a mulher do seu senhor começou a cobiçá-lo e o convidou: "Venha, deite-se comigo!".

8. Mas ele se recusou e lhe disse: "Meu senhor não se preocupa com coisa alguma de sua casa, e tudo o que tem deixou aos meus cuidados.

9. Ninguém desta casa está acima de mim. Ele nada me negou, a não ser a senhora, porque é a mulher dele. Como poderia eu, então, cometer algo tão perverso e pecar contra Deus?"

10. Assim, embora ela insistisse com José dia após dia, ele se recusava a deitar-se com ela e evitava ficar perto dela.

11. Um dia ele entrou na casa para fazer suas tarefas, e nenhum dos empregados ali se encontrava.

12. Ela o agarrou pelo manto e voltou a convidá-lo: "Vamos, deite-se comigo!". Mas ele fugiu da casa, deixando o manto na mão dela.
13. Quando ela viu que, ao fugir, ele tinha deixado o manto em sua mão,
14. chamou os empregados e lhes disse: "Vejam, este hebreu nos foi trazido para nos insultar! Ele entrou aqui e tentou abusar de mim, mas eu gritei.
15. Quando me ouviu gritar por socorro, largou seu manto ao meu lado e fugiu da casa".
16. Ela conservou o manto consigo até que o senhor de José chegasse à casa.
17. Então repetiu-lhe a história: "Aquele escravo hebreu que você nos trouxe aproximou-se de mim para me insultar.
18. Mas, quando gritei por socorro, ele largou seu manto ao meu lado e fugiu".
19. Quando o seu senhor ouviu o que a sua mulher lhe disse: "Foi assim que o seu escravo me tratou", ficou indignado.
20. Mandou buscar José e lançou-o na prisão em que eram postos os prisioneiros do rei. José ficou na prisão,
21. mas o Senhor estava com ele e o tratou com bondade, concedendo-lhe a simpatia do carcereiro.
22. Por isso o carcereiro encarregou José de todos os que estavam na prisão, e ele se tornou responsável por tudo o que lá sucedia.
23. O carcereiro não se preocupava com nada do que estava a cargo de José, porque o Senhor estava com José e lhe concedia bom êxito em tudo o que realizava.

O chefe de vinhos e o padeiro

1. Algum tempo depois, o copeiro e o padeiro do rei do Egito fizeram uma ofensa ao seu senhor, o rei do Egito.
2. O faraó irou-se com os dois oficiais, o chefe dos copeiros e o chefe dos padeiros,
3. e mandou prendê-los na casa do capitão da guarda, na prisão em que José estava.
4. O capitão da guarda os deixou aos cuidados de José, que os servia. Depois de certo tempo,
5. o copeiro e o padeiro do rei do Egito, que estavam na prisão, sonharam. Cada um teve um sonho, ambos na mesma noite, e cada sonho tinha a sua própria interpretação.
6. Quando José foi vê-los na manhã seguinte, notou que estavam abatidos.
7. Por isso perguntou aos oficiais do faraó, que também estavam presos na casa do seu senhor: "Por que hoje vocês estão com o semblante triste?".
8. Eles responderam: "Tivemos sonhos, mas não há quem os interprete". Disse-lhes José: "Não são de Deus as interpretações? Contem-me os sonhos".
9. Então o chefe dos copeiros contou o seu sonho a José: "Em meu sonho vi diante de mim uma videira,
10. com três ramos. Ela brotou, floresceu e deu uvas que amadureciam em cachos.
11. A taça do faraó estava em minha mão. Peguei as uvas, e as espremi na taça do faraó, e a entreguei em sua mão".
12. Disse-lhe José: "Esta é a interpretação: os três ramos são três dias.

13. Dentro de três dias o faraó vai exaltá-lo e restaurá-lo à sua posição, e você servirá a taça na mão dele, como costumava fazer quando era seu copeiro.

14. Quando tudo estiver indo bem com você, lembre-se de mim e seja bondoso comigo; fale de mim ao faraó e tire-me desta prisão,

15. pois fui trazido à força da terra dos hebreus, e também aqui nada fiz para ser jogado neste calabouço".

16. Ouvindo o chefe dos padeiros essa interpretação favorável, disse a José: "Eu também tive um sonho: sobre a minha cabeça havia três cestas de pão branco.

17. Na cesta de cima havia todo tipo de pães e doces que o faraó aprecia, mas as aves vinham comer da cesta que eu trazia na cabeça".

18. E disse José: "Esta é a interpretação: as três cestas são três dias.

19. Dentro de três dias o faraó vai decapitá-lo e pendurá-lo numa árvore. E as aves comerão a sua carne".

20. Três dias depois era o aniversário do faraó, e ele ofereceu um banquete a todos os seus conselheiros. Na presença deles reapresentou o chefe dos copeiros e o chefe dos padeiros:

21. Restaurou à sua posição o chefe dos copeiros, de modo que ele voltou a ser aquele que servia a taça do faraó,

22. mas ao chefe dos padeiros mandou enforcar, como José lhes dissera em sua interpretação.

23. O chefe dos copeiros, porém, não se lembrou de José; ao contrário, esqueceu-se dele.

O sonho do Faraó

1. Ao final de dois anos, o faraó teve um sonho. Ele estava em pé junto ao rio Nilo,
2. quando saíram do rio sete vacas belas e gordas, que começaram a pastar entre os juncos.
3. Depois saíram do rio mais sete vacas, feias e magras, que foram para junto das outras, à beira do Nilo.
4. Então as vacas feias e magras comeram as sete vacas belas e gordas. Nisso o faraó acordou.
5. Tornou a adormecer e teve outro sonho. Sete espigas de trigo, graúdas e boas, cresciam no mesmo pé.
6. Depois brotaram outras sete espigas, mirradas e ressequidas pelo vento leste.
7. As espigas mirradas engoliram as sete espigas graúdas e cheias. Então o faraó acordou; era um sonho.
8. Pela manhã, perturbado, mandou chamar todos os magos e sábios do Egito e lhes contou os sonhos, mas ninguém foi capaz de interpretá-los.
9. Então o chefe dos copeiros disse ao faraó: "Hoje me lembro de minhas faltas.
10. Certa vez o faraó ficou irado com dois dos seus servos e mandou prender-me junto com o chefe dos padeiros, na casa do capitão da guarda.
11. Certa noite cada um de nós teve um sonho, e cada sonho tinha uma interpretação.
12. Pois bem, havia lá conosco um jovem hebreu, servo do capitão da guarda. Contamos a ele os nossos sonhos, e

ele os interpretou, dando a cada um de nós a interpretação do seu próprio sonho.

13. E tudo aconteceu conforme ele nos dissera: eu fui restaurado à minha posição e o outro foi enforcado".

14. O faraó mandou chamar José, que foi trazido depressa do calabouço. Depois de se barbear e trocar de roupa, apresentou-se ao faraó.

15. O faraó disse a José: "Tive um sonho que ninguém consegue interpretar. Mas ouvi falar que você, ao ouvir um sonho, é capaz de interpretá-lo".

16. Respondeu-lhe José: "Isso não depende de mim, mas Deus dará ao faraó uma resposta favorável".

17. Então o faraó contou o sonho a José: "Sonhei que estava em pé, à beira do Nilo,

18. quando saíram do rio sete vacas, belas e gordas, que começaram a pastar entre os juncos.

19. Depois saíram outras sete, raquíticas, muito feias e magras. Nunca vi vacas tão feias em toda a terra do Egito.

20. As vacas magras e feias comeram as sete vacas gordas que tinham aparecido primeiro.

21. Mesmo depois de havê-las comido, não parecia que o tivessem feito, pois continuavam tão magras como antes. Então acordei.

22. Depois tive outro sonho. Vi sete espigas de cereal, cheias e boas, que cresciam num mesmo pé.

23. Depois delas, brotaram outras sete, murchas e mirradas, ressequidas pelo vento leste.

24. As espigas magras engoliram as sete espigas boas. Contei isso aos magos, mas ninguém foi capaz de explicá-lo".

25. "O faraó teve um único sonho", disse-lhe José. "Deus revelou ao faraó o que ele está para fazer.
26. As sete vacas boas são sete anos, e as sete espigas boas são também sete anos; trata-se de um único sonho.
27. As sete vacas magras e feias que surgiram depois das outras, e as sete espigas mirradas, queimadas pelo vento leste, são sete anos. Serão sete anos de fome.
28. É exatamente como eu disse ao faraó: Deus mostrou ao faraó aquilo que ele vai fazer.
29. Sete anos de muita fartura estão para vir sobre toda a terra do Egito,
30. mas depois virão sete anos de fome. Então todo o tempo de fartura será esquecido, pois a fome arruinará a terra.
31. A fome que virá depois será tão rigorosa que o tempo de fartura não será mais lembrado na terra.
32. O sonho veio ao faraó duas vezes porque a questão já foi decidida por Deus, que se apressa em realizá-la.
33. Procure agora o faraó um homem criterioso e sábio e ponha-o no comando da terra do Egito.
34. O faraó também deve estabelecer supervisores para recolher um quinto da colheita do Egito durante os sete anos de fartura.
35. Eles deverão recolher o que puderem nos anos bons que virão e fazer estoques de trigo que, sob o controle do faraó, serão armazenados nas cidades.
36. Esse estoque servirá de reserva para os sete anos de fome que virão sobre o Egito, para que a terra não seja arrasada pela fome."

37. O plano pareceu bom ao faraó e a todos os seus conselheiros.

38. Por isso o faraó lhes perguntou: "Será que vamos achar alguém como este homem, em quem está o espírito divino?".

39. Disse, pois, o faraó a José: "Uma vez que Deus lhe revelou todas essas coisas, não há ninguém tão criterioso e sábio como você.

40. Você terá o comando de meu palácio, e todo o meu povo se sujeitará às suas ordens. Somente em relação ao trono serei maior que você".

José, governador do Egito

41. E o faraó prosseguiu: "Entrego a você agora o comando de toda a terra do Egito".

42. Em seguida, o faraó tirou do dedo o seu anel selo e o colocou no dedo de José. Mandou-o vestir linho fino e colocou uma corrente de ouro em seu pescoço.

43. Também o fez subir em sua segunda carruagem real, e à frente os arautos iam gritando: "Abram caminho!". Assim José foi posto no comando de toda a terra do Egito.

44. Disse ainda o faraó a José: "Eu sou o faraó, mas sem a sua palavra ninguém poderá levantar a mão nem o pé em todo o Egito".

45. O faraó deu a José o nome de Zafenate Paneia e lhe deu por mulher Azenate, filha de Potífera, sacerdote de Om. Depois José foi inspecionar toda a terra do Egito.

46. José tinha trinta anos de idade quando começou a servir ao faraó, rei do Egito. Ele se ausentou da presença do faraó e foi percorrer todo o Egito.

47. Durante os sete anos de fartura a terra teve grande produção.
48. José recolheu todo o excedente dos sete anos de fartura no Egito e o armazenou nas cidades. Em cada cidade ele armazenava o trigo colhido nas lavouras das redondezas.
49. Assim José estocou muito trigo, como a areia do mar. Tal era a quantidade que ele parou de anotar, porque ia além de toda medida.
50. Antes dos anos de fome, Azenate, filha de Potífera, sacerdote de Om, deu a José dois filhos.
51. Ao primeiro, José deu o nome de Manassés, dizendo: "Deus me fez esquecer todo o meu sofrimento e toda a casa de meu pai".
52. Ao segundo filho, chamou Efraim, dizendo: "Deus me fez prosperar na terra onde tenho sofrido".
53. Assim chegaram ao fim os sete anos de fartura no Egito,
54. e começaram os sete anos de fome, como José tinha predito. Houve fome em todas as terras, mas em todo o Egito havia alimento.
55. Quando todo o Egito começou a sofrer com a fome, o povo clamou ao faraó por comida, e este respondeu a todos os egípcios: "Dirijam-se a José e façam o que ele disser".
56. Quando a fome já se havia espalhado por toda a terra, José mandou abrir os locais de armazenamento e começou a vender trigo aos egípcios, pois a fome se agravava em todo o Egito.
57. E de toda a terra vinha gente ao Egito para comprar trigo de José, porquanto a fome se agravava em toda parte.

Os irmãos de José vão ao Egito

1. Quando Jacó soube que no Egito havia trigo, disse a seus filhos: "Por que estão aí olhando uns para os outros?".
2. Disse ainda: "Ouvi dizer que há trigo no Egito. Desçam até lá e comprem trigo para nós, para que possamos continuar vivos e não morramos de fome".
3. Assim dez dos irmãos de José desceram ao Egito para comprar trigo.
4. Jacó não deixou que Benjamim, irmão de José, fosse com eles, temendo que algum mal lhe acontecesse.
5. Os filhos de Israel estavam entre outros que também foram comprar trigo, por causa da fome na terra de Canaã.
6. José era o governador do Egito e era ele que vendia trigo a todo o povo da terra. Por isso, quando os irmãos de José chegaram, curvaram-se diante dele com o rosto em terra.
7. José reconheceu os seus irmãos logo que os viu, mas agiu como se não os conhecesse, e lhes falou asperamente: "De onde vocês vêm?" Responderam eles: "Da terra de Canaã, para comprar comida".
8. José reconheceu os seus irmãos, mas eles não o reconheceram.
9. Lembrou-se então dos sonhos que tivera a respeito deles e lhes disse: "Vocês são espiões! Vieram para ver onde a nossa terra está desprotegida".
10. Eles responderam: "Não, meu senhor. Teus servos vieram comprar comida.
11. Todos nós somos filhos do mesmo pai. Teus servos são homens honestos, e não espiões".
12. Mas José insistiu: "Não! Vocês vieram ver onde a nossa terra está desprotegida".

13. E eles disseram: "Teus servos eram doze irmãos, todos filhos do mesmo pai, na terra de Canaã. O caçula está agora em casa com o pai, e o outro já morreu".
14. José tornou a afirmar: "É como lhes falei: Vocês são espiões!
15. Vocês serão postos à prova. Juro pela vida do faraó que vocês não sairão daqui, enquanto o seu irmão caçula não vier para cá.
16. Mandem algum de vocês buscar o seu irmão enquanto os demais aguardam presos. Assim ficará provado se as suas palavras são verdadeiras ou não. Se não forem, juro pela vida do faraó que ficará confirmado que vocês são espiões!".
17. E os deixou presos três dias.
18. No terceiro dia, José lhes disse: "Eu tenho temor de Deus. Se querem salvar sua vida, façam o seguinte:
19. Se vocês são homens honestos, deixem um dos seus irmãos aqui na prisão, enquanto os demais voltam, levando trigo para matar a fome das suas famílias.
20. Tragam-me, porém, o seu irmão caçula, para que se comprovem as suas palavras e vocês não tenham de morrer".
21. Eles se prontificaram a fazer isso e disseram uns aos outros: "Certamente estamos sendo punidos pelo que fizemos a nosso irmão. Vimos como ele estava angustiado, quando nos implorava por sua vida, mas não lhe demos ouvidos; por isso nos sobreveio esta angústia".

22. Rúben respondeu: "Eu não lhes disse que não maltratassem o menino? Mas vocês não quiseram me ouvir! Agora teremos de prestar contas do seu sangue".

23. Eles, porém, não sabiam que José podia compreendê-los, pois ele lhes falava por meio de um intérprete.

24. Nisso José retirou-se e começou a chorar, mas logo depois voltou e conversou de novo com eles. Então escolheu Simeão e mandou acorrentá-lo diante deles.

25. Em seguida, José deu ordem para que enchessem de trigo suas bagagens, devolvessem a prata de cada um deles, colocando-a nas bagagens, e lhes dessem mantimentos para a viagem. E assim foi feito.

26. Eles puseram a carga de trigo sobre os seus jumentos e partiram.

27. No lugar onde pararam para pernoitar, um deles abriu a bagagem para pegar forragem para o seu jumento e viu a prata na boca da bagagem.

28. E disse a seus irmãos: "Devolveram a minha prata. Está aqui em minha bagagem". Tomados de pavor em seu coração e tremendo, disseram uns aos outros: "Que é isto que Deus fez conosco?".

29. Ao chegarem à casa de seu pai Jacó, na terra de Canaã, relataram-lhe tudo o que lhes acontecera, dizendo:

30. "O homem que governa aquele país falou asperamente conosco e nos tratou como espiões.

31. Mas nós lhe asseguramos que somos homens honestos e não espiões.

32. Dissemos também que éramos doze irmãos, filhos do mesmo pai, e que um já havia morrido e que o caçula estava com o nosso pai, em Canaã.

33. "Então o homem que governa aquele país nos disse: 'Vejamos se vocês são honestos: um dos seus irmãos ficará aqui comigo, e os outros poderão voltar e levar mantimentos para matar a fome das suas famílias.

34. Tragam-me, porém, o seu irmão caçula, para que eu comprove que vocês não são espiões, mas, sim, homens honestos. Então lhes devolverei o irmão e os autorizarei a fazer negócios nesta terra'".

35. Ao esvaziarem as bagagens, dentro da bagagem de cada um estava a sua bolsa cheia de prata. Quando eles e seu pai viram as bolsas cheias de prata, ficaram com medo.

36. E disse-lhes seu pai Jacó: "Vocês estão tirando meus filhos de mim! Já fiquei sem José, agora sem Simeão e ainda querem levar Benjamim. Tudo está contra mim!".

37. Então Rúben disse ao pai: "Podes matar meus dois filhos se eu não o trouxer de volta. Deixa-o aos meus cuidados, e eu o trarei".

38. Mas o pai respondeu: "Meu filho não descerá com vocês; seu irmão está morto, e ele é o único que resta. Se qualquer mal lhe acontecer na viagem que estão por fazer, vocês farão estes meus cabelos brancos descer à sepultura com tristeza".

A segunda viagem ao Egito

1. A fome continuava rigorosa na terra.

2. Assim, quando acabou todo o trigo que os filhos de Jacó tinham trazido do Egito, seu pai lhes disse: "Voltem e comprem um pouco mais de comida para nós".
3. Mas Judá lhe disse: "O homem nos advertiu severamente: 'Não voltem à minha presença, a não ser que tragam o seu irmão'.
4. Se enviares o nosso irmão conosco, desceremos e compraremos comida para ti.
5. Mas, se não o enviares conosco, não iremos, porque foi assim que o homem falou: 'Não voltem à minha presença, a não ser que tragam o seu irmão'".
6. Israel perguntou: "Por que me causaram esse mal, contando àquele homem que tinham outro irmão?".
7. E lhe responderam: "Ele nos interrogou sobre nós e sobre nossa família. E também nos perguntou: 'O pai de vocês ainda está vivo? Vocês têm outro irmão?'. Nós simplesmente respondemos ao que ele nos perguntou. Como poderíamos saber que ele exigiria que levássemos o nosso irmão?".
8. Então disse Judá a Israel, seu pai: "Deixa o jovem ir comigo e partiremos imediatamente, a fim de que tu, nós e nossas crianças sobrevivamos e não venhamos a morrer.
9. Eu me comprometo pessoalmente pela segurança dele; podes me considerar responsável por ele. Se eu não o trouxer de volta e não o colocar bem aqui na tua presença, serei culpado diante de ti pelo resto da minha vida.
10. Como se vê, se não tivéssemos demorado tanto, já teríamos ido e voltado duas vezes".

11. Então Israel, seu pai, lhes disse: "Se tem de ser assim, que seja! Coloquem alguns dos melhores produtos da nossa terra na bagagem e levem-nos como presente ao tal homem: um pouco de bálsamo, um pouco de mel, algumas especiarias e mirra, algumas nozes de pistache e amêndoas.

12. Levem prata em dobro, e devolvam a prata que foi colocada de volta na boca da bagagem de vocês. Talvez isso tenha acontecido por engano.

13. Peguem também o seu irmão e voltem àquele homem.

14. Que o Deus Todo-Poderoso lhes conceda misericórdia diante daquele homem, para que ele permita que o seu outro irmão e Benjamim voltem com vocês. Quanto a mim, se ficar sem filhos, sem filhos ficarei".

15. Então os homens desceram ao Egito, levando o presente, prata em dobro e Benjamim, e foram à presença de José.

16. Quando José viu Benjamim com eles, disse ao administrador de sua casa: "Leve estes homens à minha casa, mate um animal e prepare-o; eles almoçarão comigo ao meio-dia".

17. Ele fez o que lhe fora ordenado e levou-os à casa de José.

18. Eles ficaram com medo, quando foram levados à casa de José, e pensaram: "Trouxeram-nos aqui por causa da prata que foi devolvida às nossas bagagens na primeira vez. Ele quer atacar-nos, subjugar-nos, tornar-nos escravos e tomar de nós os nossos jumentos".

19. Por isso, dirigiram-se ao administrador da casa de José e lhe disseram à entrada da casa:

20. "Ouça, senhor! A primeira vez que viemos aqui foi realmente para comprar comida.

21. Mas, no lugar em que paramos para pernoitar, abrimos nossas bagagens e cada um de nós encontrou a prata que tinha trazido, na quantia exata. Por isso a trouxemos de volta conosco,

22. além de mais prata, para comprar comida. Não sabemos quem pôs a prata em nossa bagagem".

23. "Fiquem tranquilos", disse o administrador. "Não tenham medo. O seu Deus, o Deus de seu pai, foi quem lhes deu um tesouro em suas bagagens, porque a prata de vocês eu recebi." Então soltou Simeão e o levou à presença deles.

24. Em seguida os levou à casa de José, deu-lhes água para lavarem os pés e forragem para os seus jumentos.

25. Eles então prepararam o presente para a chegada de José ao meio-dia, porque ficaram sabendo que iriam almoçar ali.

26. Quando José chegou, eles o presentearam com o que tinham trazido e curvaram-se diante dele até o chão.

27. Ele então lhes perguntou como passavam e disse em seguida: "Como vai o pai de vocês, o homem idoso de quem me falaram? Ainda está vivo?".

28. Eles responderam: "Teu servo, nosso pai, ainda vive e passa bem". E se curvaram para prestar-lhe honra.

29. Olhando ao redor e vendo seu irmão Benjamim, filho de sua mãe, José perguntou: "É este o irmão caçula de quem me falaram?" E acrescentou: "Deus lhe conceda graça, meu filho".

30. Profundamente emocionado por causa de seu irmão, José apressou-se em sair à procura de um lugar para chorar e, entrando em seu quarto, chorou.

31. Depois de lavar o rosto, saiu e, controlando-se, disse: "Sirvam a comida".
32. Serviram a ele em separado dos seus irmãos e também dos egípcios que comiam com ele, porque os egípcios não podiam comer com os hebreus, pois isso era sacrilégio para eles.
33. Seus irmãos foram colocados à mesa perante ele por ordem de idade, do mais velho ao mais moço, e olhavam perplexos uns para os outros.
34. Então lhes serviram da comida da mesa de José, e a porção de Benjamim era cinco vezes maior que a dos outros. E eles festejaram e beberam à vontade.

A taça de prata no saco

1. José deu as seguintes ordens ao administrador de sua casa: "Encha as bagagens desses homens com todo o mantimento que puderem carregar e coloque a prata de cada um na boca de sua bagagem.
2. Depois coloque a minha taça, a taça de prata, na boca da bagagem do caçula, junto com a prata paga pelo trigo". E ele fez tudo conforme as ordens de José.
3. Assim que despontou a manhã, despediram os homens com os seus jumentos.
4. Ainda não tinham se afastado da cidade, quando José disse ao administrador de sua casa: "Vá atrás daqueles homens e, quando os alcançar, diga-lhes: Por que retribuíram o bem com o mal?
5. Não é esta a taça que o meu senhor usa para beber e para fazer adivinhações? Vocês cometeram grande maldade!".
6. Quando ele os alcançou, repetiu-lhes essas palavras.

7. Mas eles lhe responderam: "Por que o meu senhor diz isso? Longe dos seus servos fazer tal coisa!
8. Nós lhe trouxemos de volta, da terra de Canaã, a prata que encontramos na boca de nossa bagagem. Como roubaríamos prata ou ouro da casa do seu senhor?
9. Se algum dos seus servos for encontrado com ela, morrerá; e nós, os demais, seremos escravos do meu senhor".
10. E disse ele: "Concordo. Somente quem for encontrado com ela será meu escravo; os demais estarão livres".
11. Cada um deles descarregou depressa a sua bagagem e abriu-a.
12. O administrador começou então a busca, desde a bagagem do mais velho até a do mais novo. E a taça foi encontrada na bagagem de Benjamim.
13. Diante disso, eles rasgaram as suas vestes. Em seguida, todos puseram a carga de novo em seus jumentos e retornaram à cidade.
14. Quando Judá e seus irmãos chegaram à casa de José, ele ainda estava lá. Então eles se lançaram ao chão perante ele.
15. E José lhes perguntou: "Que foi que vocês fizeram? Vocês não sabem que um homem como eu tem poder para adivinhar?".
16. Respondeu Judá: "O que diremos a meu senhor? Que podemos falar? Como podemos provar nossa inocência? Deus trouxe à luz a culpa dos teus servos. Agora somos escravos do meu senhor, como também aquele que foi encontrado com a taça".

17. Disse, porém, José: "Longe de mim fazer tal coisa! Somente aquele que foi encontrado com a taça será meu escravo. Os demais podem voltar em paz para a casa do seu pai".

18. Então Judá dirigiu-se a ele, dizendo: "Por favor, meu senhor, permite-me dizer-te uma palavra. Não se acenda a tua ira contra o teu servo, embora sejas igual ao próprio faraó.

19. Meu senhor perguntou a estes seus servos se ainda tínhamos pai e algum outro irmão.

20. E nós respondemos: Temos um pai já idoso, cujo filho caçula nasceu-lhe em sua velhice. O irmão deste já morreu, e ele é o único filho da mesma mãe que restou, e seu pai o ama muito.

21. Então disseste a teus servos que o trouxessem a ti para que os teus olhos pudessem vê-lo.

22. E nós respondemos a meu senhor que o jovem não poderia deixar seu pai, pois, caso o fizesse, seu pai morreria.

23. Todavia disseste a teus servos que, se o nosso irmão caçula não viesse conosco, nunca mais veríamos a tua face.

24. Quando voltamos a teu servo, a meu pai, contamos-lhe o que o meu senhor tinha dito.

25. Quando o nosso pai nos mandou voltar para comprar um pouco mais de comida,

26. nós lhe dissemos: 'Só poderemos voltar para lá, se o nosso irmão caçula for conosco. Pois não poderemos ver a face daquele homem, a não ser que o nosso irmão caçula esteja conosco'.

27. Teu servo, meu pai, nos disse então: 'Vocês sabem que minha mulher me deu apenas dois filhos.

28. Um deles se foi, e eu disse: Com certeza foi despedaçado. E, até hoje, nunca mais o vi.

29. Se agora vocês também levarem este de mim, e algum mal lhe acontecer, a tristeza que me causarão fará com que os meus cabelos brancos desçam à sepultura'.

30. "Agora, pois, se eu voltar a teu servo, a meu pai, sem levar o jovem conosco, logo que meu pai, que é tão apegado a ele,

31. perceber que o jovem não está conosco, morrerá. Teus servos farão seu velho pai descer seus cabelos brancos à sepultura com tristeza.

32. Além disso, teu servo garantiu a segurança do jovem a seu pai, dizendo-lhe: 'Se eu não o trouxer de volta, suportarei essa culpa diante de ti pelo resto da minha vida!'

33. Por isso agora te peço, por favor, deixa o teu servo ficar como escravo do meu senhor no lugar do jovem e permite que ele volte com os seus irmãos.

34. Como poderei eu voltar a meu pai sem levar o jovem comigo? Não! Não posso ver o mal que sobreviria a meu pai".

José dá-se a conhecer

1. A essa altura, José já não podia mais conter-se diante de todos os que ali estavam, e gritou: "Façam sair a todos!". Assim, ninguém mais estava presente quando José se revelou a seus irmãos.

2. E ele se pôs a chorar tão alto que os egípcios o ouviram, e a notícia chegou ao palácio do faraó.

3. Então disse José a seus irmãos: "Eu sou José! Meu pai ainda está vivo?" Mas os seus irmãos ficaram tão pasmados diante dele que não conseguiam responder-lhe.

4. "Cheguem mais perto", disse José a seus irmãos. Quando eles se aproximaram, disse-lhes: "Eu sou José, seu irmão, aquele que vocês venderam ao Egito!

5. Agora, não se aflijam nem se recriminem por terem me vendido para cá, pois foi para salvar vidas que Deus me enviou adiante de vocês.

6. Já houve dois anos de fome na terra, e nos próximos cinco anos não haverá cultivo nem colheita.

7. Mas Deus me enviou à frente de vocês para lhes preservar um remanescente nesta terra e para salvar-lhes a vida com grande livramento.

8. "Assim, não foram vocês que me mandaram para cá, mas sim o próprio Deus. Ele me tornou ministro do faraó, e me fez administrador de todo o palácio e governador de todo o Egito.

9. Voltem depressa a meu pai e digam-lhe: Assim diz o seu filho José: 'Deus me fez senhor de todo o Egito. Vem para cá, não te demores.

10. Tu viverás na região de Gósen e ficarás perto de mim – tu, os teus filhos, os teus netos, as tuas ovelhas, os teus bois e todos os teus bens.

11. Eu te sustentarei ali, porque ainda haverá cinco anos de fome. Do contrário, tu, a tua família e todos os teus rebanhos acabarão na miséria'.

12. Vocês estão vendo com os seus próprios olhos, e meu irmão Benjamim também, que realmente sou eu que estou falando com vocês.

13. Contem a meu pai quanta honra me prestam no Egito e tudo o que vocês mesmos testemunharam. E tragam meu pai para cá depressa".
14. Então ele se lançou chorando sobre o seu irmão Benjamim e o abraçou, e Benjamim também o abraçou, chorando.
15. Em seguida, beijou todos os seus irmãos e chorou com eles. E só depois os seus irmãos conseguiram conversar com ele.
16. Quando se ouviu no palácio do faraó que os irmãos de José haviam chegado, o faraó e todos os seus conselheiros se alegraram.
17. Disse então o faraó a José: "Diga a seus irmãos que ponham as cargas nos seus animais, voltem para a terra de Canaã
18. e retornem para cá, trazendo seu pai e suas famílias. Eu lhes darei o melhor da terra do Egito e vocês poderão desfrutar a fartura desta terra.
19. Mande-os também levar carruagens do Egito para trazerem as suas mulheres, os seus filhos e seu pai.
20. Não se preocupem com os seus bens, pois o melhor de todo o Egito será de vocês".
21. Assim fizeram os filhos de Israel. José lhes providenciou carruagens, como o faraó tinha ordenado, e também mantimentos para a viagem.
22. A cada um deu uma muda de roupa nova, mas a Benjamim deu trezentas peças de prata e cinco mudas de roupa nova.
23. E a seu pai enviou dez jumentos carregados com o melhor do que havia no Egito e dez jumentas carregadas de trigo, pão e outras provisões para a viagem.
24. Depois, despediu-se dos seus irmãos e, ao partirem, disse-lhes: "Não briguem pelo caminho!"

25. Assim partiram do Egito e voltaram a seu Pai Jacó, na terra de Canaã,
26. e lhe deram a notícia: "José ainda está vivo! Na verdade, ele é o governador de todo o Egito". O coração de Jacó quase parou! Não podia acreditar neles.
27. Mas, quando lhe relataram tudo o que José lhes dissera, e, vendo Jacó, seu pai, as carruagens que José enviara para buscá-lo, seu espírito reviveu.
28. E Israel disse: "Basta! Meu filho José ainda está vivo. Irei vê-lo antes que eu morra".

Jacó vai para o Egito

1. Israel partiu com tudo o que lhe pertencia. Ao chegar a Berseba, ofereceu sacrifícios ao Deus de Isaque, seu pai.
2. E Deus falou a Israel por meio de uma visão noturna: "Jacó! Jacó!", "Eis-me aqui", respondeu ele.
3. "Eu sou Deus, o Deus de seu pai", disse ele. "Não tenha medo de descer ao Egito, porque lá farei de você uma grande nação.
4. Eu mesmo descerei ao Egito com você e certamente o trarei de volta. E a mão de José fechará os seus olhos."
5. Então Jacó partiu de Berseba. Os filhos de Israel levaram seu pai, Jacó, seus filhos e as suas mulheres nas carruagens que o faraó tinha enviado.
6. Também levaram os seus rebanhos e os bens que tinham adquirido em Canaã. Assim Jacó foi para o Egito com toda a sua descendência.
7. Levou consigo para o Egito seus filhos, seus netos, suas filhas e suas netas, isto é, todos os seus descendentes.

8. Estes são os nomes dos israelitas, Jacó e seus descendentes, que foram para o Egito: Rúben, o filho mais velho de Jacó.

9. Estes foram os filhos de Rúben: Enoque, Palu, Hezrom e Carmi.

10. Estes foram os filhos de Simeão: Jemuel, Jamim, Oade, Jaquim, Zoar e Saul, filho de uma cananeia.

11. Estes foram os filhos de Levi: Gérson, Coate e Merari.

12. Estes foram os filhos de Judá: Er, Onã, Selá, Perez e Zerá. Er e Onã morreram na terra de Canaã. Estes foram os filhos de Perez: Hezrom e Hamul.

13. Estes foram os filhos de Issacar: Tolá, Puá, Jasube e Sinrom.

14. Estes foram os filhos de Zebulom: Serede, Elom e Jaleel.

15. Foram esses os filhos que Lia deu a Jacó em Padã-Arã, além de Diná, sua filha. Seus descendentes eram ao todo trinta e três.

16. Estes foram os filhos de Gade: Zefom, Hagi, Suni, Esbom, Eri, Arodi e Areli.

17. Estes foram os filhos de Aser: Imna, Isvá, Isvi e Berias, e a irmã deles, Sera. Estes foram os filhos de Berias: Héber e Malquiel.

18. Foram esses os dezesseis descendentes que Zilpa, serva que Labão tinha dado à sua filha Lia, deu a Jacó.

19. Estes foram os filhos de Raquel, mulher de Jacó: José e Benjamim.

20. Azenate, filha de Potífera, sacerdote de Om, deu dois filhos a José no Egito: Manassés e Efraim.

21. Estes foram os filhos de Benjamim: Belá, Bequer, Asbel, Gera, Naamã, Eí, Rôs, Mupim, Hupim e Arde.

22. Foram esses os catorze descendentes que Raquel deu a Jacó.

23. O filho de Dã foi Husim.
24. Estes foram os filhos de Naftali: Jazeel, Guni, Jezer e Silém.
25. Foram esses os sete descendentes que Bila, serva que Labão tinha dado à sua filha Raquel, deu a Jacó.
26. Todos os que foram para o Egito com Jacó, todos os seus descendentes, sem contar as mulheres de seus filhos, totalizaram sessenta e seis pessoas.
27. Com mais os dois filhos que nasceram a José no Egito, os membros da família de Jacó que foram para o Egito chegaram a setenta.
28. Ora, Jacó enviou Judá à sua frente a José, para saber como ir a Gósen. Quando lá chegaram,
29. José, de carruagem pronta, partiu para Gósen para encontrar-se com seu pai, Israel. Assim que o viu, correu para abraçá-lo e, abraçado a ele, chorou longamente.
30. Israel disse a José: "Agora já posso morrer, pois vi o seu rosto e sei que você ainda está vivo".
31. Então José disse aos seus irmãos e a toda a família de seu pai: "Vou partir e informar ao faraó que os meus irmãos e toda a família de meu pai, que viviam em Canaã, vieram para cá.
32. Direi que os homens são pastores, cuidam de rebanhos, e trouxeram consigo suas ovelhas, seus bois e tudo quanto lhes pertence.
33. Quando o faraó mandar chamá-los e perguntar: 'Em que vocês trabalham?',
34. respondam-lhe assim: 'Teus servos criam rebanhos desde pequenos, como o fizeram nossos antepassados'. Assim lhes será permitido habitar na região de Gósen, pois todos os pastores são desprezados pelos egípcios".

A família de José em terras do Egito

1. José foi dar as notícias ao faraó: "Meu pai e meus irmãos chegaram de Canaã com suas ovelhas, seus bois e tudo o que lhes pertence, e estão agora em Gósen".

2. Depois escolheu cinco de seus irmãos e os apresentou ao faraó.

3. Perguntou-lhes o faraó: "Em que vocês trabalham?". Eles lhe responderam: "Teus servos são pastores, como os nossos antepassados".

4. Disseram-lhe ainda: "Viemos morar aqui por uns tempos, porque a fome é rigorosa em Canaã, e os rebanhos de teus servos não têm pastagem. Agora, por favor, permite que teus servos se estabeleçam em Gósen".

5. Então o faraó disse a José: "Seu pai e seus irmãos vieram a você,

6. e a terra do Egito está a sua disposição; faça com que seu pai e seus irmãos habitem na melhor parte da terra. Deixe-os morar em Gósen. E, se você vê que alguns deles são competentes, ponha-os como responsáveis por meu rebanho".

7. Então José levou seu pai Jacó ao faraó e o apresentou a ele. Depois Jacó abençoou o faraó,

8. e este lhe perguntou: "Quantos anos o senhor tem?"

9. Jacó respondeu ao faraó: "São cento e trinta os anos da minha peregrinação. Foram poucos e difíceis e não chegam aos anos da peregrinação dos meus antepassados".

10. Então, Jacó abençoou o faraó e retirou-se.

11. José instalou seu pai e seus irmãos e deu-lhes propriedade na melhor parte das terras do Egito, na região de Ramessés, conforme a ordem do faraó.

12. Providenciou também sustento para seu pai, para seus irmãos e para toda a sua família, de acordo com o número de filhos de cada um.

José e a fome

13. Não havia mantimento em toda a região, pois a fome era rigorosa; tanto o Egito como Canaã desfaleciam por causa da fome.

14. José recolheu toda a prata que circulava no Egito e em Canaã, dada como pagamento do trigo que o povo comprava, e levou-a ao palácio do faraó.

15. Quando toda a prata do Egito e de Canaã se esgotou, todos os egípcios foram suplicar a José: "Dá-nos comida! Não nos deixes morrer só porque a nossa prata acabou".

16. E José lhes disse: "Tragam então os seus rebanhos, e em troca lhes darei trigo, uma vez que a prata de vocês acabou".

17. E trouxeram a José os rebanhos, e ele deu-lhes trigo em troca de cavalos, ovelhas, bois e jumentos. Durante aquele ano inteiro ele os sustentou em troca de todos os seus rebanhos.

18. O ano passou, e no ano seguinte voltaram a José, dizendo: "Não temos como esconder de ti, meu senhor, que uma vez que a nossa prata acabou e os nossos rebanhos lhe pertencem, nada mais nos resta para oferecer, a não ser os nossos próprios corpos e as nossas terras.

19. Não deixes que morramos e que as nossas terras pereçam diante dos teus olhos! Compra-nos, e compra as nossas terras,

em troca de trigo, e nós, com as nossas terras, seremos escravos do faraó. Dá-nos sementes para que sobrevivamos e não morramos de fome, a fim de que a terra não fique desolada".

20. Assim, José comprou todas as terras do Egito para o faraó. Todos os egípcios tiveram de vender os seus campos, pois a fome os obrigou a isso. A terra tornou-se propriedade do faraó.

21. Quanto ao povo, José o reduziu à servidão, de uma à outra extremidade do Egito.

22. Somente as terras dos sacerdotes não foram compradas, porque, por lei, esses recebiam sustento regular do faraó, e disso viviam. Por isso não tiveram de vender as suas terras.

23. Então José disse ao povo: "Ouçam! Hoje comprei vocês e suas terras para o faraó; aqui estão as sementes para que cultivem a terra.

24. Mas vocês darão a quinta parte das suas colheitas ao faraó. Os outros quatro quintos ficarão para vocês como sementes para os campos e como alimento para vocês, seus filhos e os que vivem em suas casas".

25. Eles disseram: "Meu senhor, tu nos salvaste a vida. Visto que nos favoreceste, seremos escravos do faraó".

26. Assim, quanto à terra, José estabeleceu o seguinte decreto no Egito, que permanece até hoje: um quinto da produção pertence ao faraó. Somente as terras dos sacerdotes não se tornaram propriedade do faraó.

27. Os israelitas se estabeleceram no Egito, na região de Gósen. Lá adquiriram propriedades, foram prolíferos e multiplicaram-se muito.

28. Jacó viveu dezessete anos no Egito, e os anos da sua vida chegaram a cento e quarenta e sete.

29. Aproximando-se a hora da sua morte, Israel chamou seu filho José e lhe disse: "Se quer agradar-me, ponha a mão debaixo da minha coxa e prometa que será bondoso e fiel comigo: Não me sepulte no Egito.

30. Quando eu descansar com meus pais, leve-me daqui do Egito e sepulte-me junto a eles". José respondeu: "Farei como o senhor me pede".

31. Mas Jacó insistiu: "Jure-me". E José lhe jurou, e Israel curvou-se apoiado em seu bordão.

Manassés e Efraim

1. Algum tempo depois, disseram a José: "Seu pai está doente"; e ele foi vê-lo, levando consigo seus dois filhos, Manassés e Efraim.

2. E anunciaram a Jacó: "Seu filho José veio vê-lo". Israel reuniu suas forças e assentou-se na cama.

3. Então disse Jacó a José: "O Deus Todo-Poderoso apareceu-me em Luz, na terra de Canaã, e ali me abençoou,

4. dizendo: 'Eu o farei prolífero e o multiplicarei. Farei de você uma comunidade de povos e darei esta terra por propriedade perpétua aos seus descendentes'.

5. Agora, pois, os seus dois filhos que lhe nasceram no Egito, antes da minha vinda para cá, serão reconhecidos como meus; Efraim e Manassés serão meus, como são meus Rúben e Simeão.

6. Os filhos que lhe nascerem depois deles serão seus; serão convocados sob o nome dos seus irmãos para receberem sua herança.

7. Quando eu voltava de Padã, para minha tristeza Raquel morreu em Canaã, quando ainda estávamos a caminho, a pouca distância de Efrata. Eu a sepultei ali, ao lado do caminho para Efrata, que é Belém".

8. Quando Israel viu os filhos de José, perguntou: "Quem são estes?".

9. Respondeu José a seu pai: "São os filhos que Deus me deu aqui". Então Israel disse: "Traga-os aqui para que eu os abençoe".

10. Os olhos de Israel já estavam enfraquecidos por causa da idade avançada, e ele mal podia enxergar. Por isso José levou seus filhos para perto dele, e seu pai os beijou e os abraçou.

11. E Israel disse a José: "Nunca pensei que veria a sua face novamente, e agora Deus me concede ver também os seus filhos!"

12. Em seguida, José os tirou do colo de Israel e curvou-se com o rosto em terra.

13. E José tomou os dois, Efraim à sua direita, perto da mão esquerda de Israel, e Manassés à sua esquerda, perto da mão direita de Israel, e os aproximou dele.

14. Israel, porém, estendeu a mão direita e a pôs sobre a cabeça de Efraim, embora este fosse o mais novo e, cruzando os braços, pôs a mão esquerda sobre a cabeça de Manassés, embora Manassés fosse o filho mais velho.

15. E abençoou a José, dizendo: "Que o Deus, a quem serviram meus pais Abraão e Isaque, o Deus que tem sido o meu pastor em toda a minha vida até o dia de hoje,

16. o Anjo que me redimiu de todo o mal, abençoe estes meninos. Sejam eles chamados pelo meu nome e pelos nomes de meus pais Abraão e Isaque, e cresçam muito na terra".

17. Quando José viu seu pai colocar a mão direita sobre a cabeça de Efraim, não gostou; por isso pegou a mão do pai, a fim de mudá-la da cabeça de Efraim para a de Manassés,

18. e lhe disse: "Não, meu pai, este aqui é o mais velho; ponha a mão direita sobre a cabeça dele".

19. Mas seu pai recusou-se e respondeu: "Eu sei, meu filho, eu sei. Ele também se tornará um povo, também será grande. Apesar disso, seu irmão mais novo será maior do que ele, e seus descendentes se tornarão muitos povos".

20. Assim, Jacó os abençoou naquele dia, dizendo: "O povo de Israel usará os seus nomes para abençoar uns aos outros com esta expressão: Que Deus faça a você como fez a Efraim e a Manassés!" E colocou Efraim à frente de Manassés.

21. A seguir, Israel disse a José: "Estou para morrer, mas Deus estará com vocês e os levará de volta à terra de seus antepassados.

22. E a você, como alguém que está acima de seus irmãos, dou a região montanhosa que tomei dos amorreus com a minha espada e com o meu arco".

Jacob abençoa os filhos

1. Então Jacó chamou seus filhos e disse: "Ajuntem-se a meu lado para que eu lhes diga o que lhes acontecerá nos dias que virão.

2. Reúnam-se para ouvir, filhos de Jacó; ouçam o que diz Israel, seu pai.

3. Rúben, você é meu primogênito, minha força, o primeiro sinal do meu vigor, superior em honra, superior em poder.

4. Turbulento como as águas, já não será superior, porque você subiu à cama de seu pai, ao meu leito, e o desonrou.

5. Simeão e Levi são irmãos; suas espadas são armas de violência.

6. Que eu não entre no conselho deles, nem participe da sua assembleia, porque em sua ira mataram homens e a seu bel-prazer aleijaram bois, cortando-lhes o tendão.

7. Maldita seja a sua ira, tão tremenda, e a sua fúria, tão cruel! Eu os dividirei pelas terras de Jacó e os dispersarei em Israel.

8. Judá, seus irmãos o louvarão, sua mão estará sobre o pescoço dos seus inimigos; os filhos de seu pai se curvarão diante de você.

9. Judá é um leão novo. Você vem subindo, filho meu, depois de matar a presa. Como um leão, ele se assenta; e deita-se como uma leoa; quem tem coragem de acordá-lo?

10. O cetro não se apartará de Judá, nem o bastão de comando de seus descendentes, até que venha aquele a quem ele pertence, e a ele as nações obedecerão.

11. Ele amarrará seu jumento a uma videira; e o seu jumentinho, ao ramo mais seleto; lavará no vinho as suas roupas; no sangue das uvas, as suas vestimentas.

12. Seus olhos serão mais escuros que o vinho; seus dentes, mais brancos que o leite.
13. Zebulom morará à beira-mar e se tornará um porto para os navios; suas fronteiras se estenderão até Sidom.
14. Issacar é um jumento forte, deitado entre as suas cargas.
15. Quando ele perceber como é bom o seu lugar de repouso e como é aprazível a sua terra, curvará seus ombros ao fardo e se submeterá a trabalhos forçados.
16. Dã defenderá o direito do seu povo como qualquer das tribos de Israel.
17. Dã será uma serpente à beira da estrada, uma víbora à margem do caminho, que morde o calcanhar do cavalo e faz cair de costas o seu cavaleiro.
18. Ó Senhor, eu espero a tua libertação!
19. Gade será atacado por um bando, mas é ele que o atacará e o perseguirá.
20. A mesa de Aser será farta; ele oferecerá manjares de rei.
21. Naftali é uma gazela solta, que por isso faz festa.
22. José é uma árvore frutífera, árvore frutífera à beira de uma fonte, cujos galhos passam por cima do muro.
23. Com rancor arqueiros o atacaram, atirando-lhe flechas com hostilidade.
24. Mas o seu arco permaneceu firme; os seus braços continuaram fortes, ágeis para atirar, pela mão do Poderoso de Jacó, pelo nome do Pastor, a Rocha de Israel,
25. Pelo Deus de seu pai, que ajuda você, o Todo-poderoso, que o abençoa com bênçãos dos altos céus, bênçãos das profundezas, bênçãos da fertilidade e da fartura.

26. As bênçãos de seu pai são superiores às bênçãos dos montes antigos, às delícias das colinas eternas. Que todas essas bênçãos repousem sobre a cabeça de José, sobre a fronte daquele que foi separado de entre os seus irmãos.
27. Benjamim é um lobo predador; pela manhã devora a presa e à tarde divide o despojo".

A morte de Jacó

28. São esses os que formaram as doze tribos de Israel, e foi isso que seu pai lhes disse, ao abençoá-los, dando a cada um a bênção que lhe pertencia.
29. A seguir, Jacó deu-lhes estas instruções: "Estou para ser reunido aos meus antepassados. Sepultem-me junto aos meus pais na caverna do campo de Efrom, o hitita,
30. na caverna do campo de Macpela, perto de Manre, em Canaã, campo que Abraão comprou de Efrom, o hitita, como propriedade para sepultura.
31. Ali foram sepultados Abraão e Sara, sua mulher, e Isaque e Rebeca, sua mulher; ali também sepultei Lia.
32. Tanto o campo como a caverna que nele está foram comprados dos hititas".
33. Ao acabar de dar essas instruções a seus filhos, Jacó deitou-se, expirou e foi reunido aos seus antepassados.

Funerais de Jacó

1. José atirou-se sobre seu pai, chorou sobre ele e o beijou.
2. Em seguida, deu ordens aos médicos, que estavam ao seu serviço, que embalsamassem seu pai Israel. E eles o embalsamaram.

3. Levaram quarenta dias completos, pois esse era o tempo para o embalsamamento. E os egípcios choraram sua morte setenta dias.

4. Passados os dias de luto, José disse à corte do faraó: "Se posso contar com a bondade de vocês, falem com o faraó em meu favor. Digam-lhe que

5. meu pai fez-me prestar-lhe o seguinte juramento: 'Estou à beira da morte; sepulte-me no túmulo que preparei para mim na terra de Canaã'. Agora, pois, peçam-lhe que me permita partir e sepultar meu pai; logo depois voltarei".

6. Respondeu o faraó: "Vá e faça o sepultamento de seu pai como este o fez jurar".

7. Então José partiu para sepultar seu pai. Com ele foram todos os conselheiros do faraó, as autoridades da sua corte e todas as autoridades do Egito,

8. e, além deles, todos os da família de José, os seus irmãos e todos os da casa de seu pai. Somente as crianças, as ovelhas e os bois foram deixados em Gósen.

9. Carruagens e cavaleiros também o acompanharam. A comitiva era imensa.

10. Chegando à eira de Atade, perto do Jordão, lamentaram-se em alta voz, com grande amargura; e ali José guardou sete dias de pranto pela morte do seu pai.

11. Quando os cananeus que lá habitavam viram aquele pranto na eira de Atade, disseram: "Os egípcios estão celebrando uma cerimônia de luto solene". Por essa razão, aquele lugar, próximo ao Jordão, foi chamado Abel Mizraim.

12. Assim fizeram os filhos de Jacó o que este lhes havia ordenado:

13. Levaram-no à terra de Canaã e o sepultaram na caverna do campo de Macpela, perto de Manre, que, com o campo, Abraão tinha comprado de Efrom, o hitita, para que lhe servisse de propriedade para sepultura.

14. Depois de sepultar seu pai, José voltou ao Egito, com os seus irmãos e com todos os demais que o tinham acompanhado.

15. Vendo os irmãos de José que seu pai havia morrido, disseram: "E se José tiver rancor contra nós e resolver retribuir todo o mal que lhe causamos?"

16. Então mandaram um recado a José, dizendo: "Antes de morrer, teu pai nos ordenou

17. que te disséssemos o seguinte: 'Peço-lhe que perdoe os erros e pecados de seus irmãos que o trataram com tanta maldade!' Agora, pois, perdoa os pecados dos servos do Deus do teu pai". Quando recebeu o recado, José chorou.

18. Depois vieram seus irmãos, prostraram-se diante dele e disseram: "Aqui estamos. Somos teus escravos!"

19. José, porém, lhes disse: "Não tenham medo. Estaria eu no lugar de Deus?

20. Vocês planejaram o mal contra mim, mas Deus o tornou em bem, para que hoje fosse preservada a vida de muitos.

21. Por isso, não tenham medo. Eu sustentarei vocês e seus filhos". E assim os tranquilizou e lhes falou amavelmente.

A morte de José

22. José permaneceu no Egito, com toda a família de seu pai. Viveu cento e dez anos

23. e viu a terceira geração dos filhos de Efraim. Além disso, recebeu como seus os filhos de Maquir, filho de Manassés.
24. Antes de morrer José disse a seus irmãos: "Estou à beira da morte. Mas Deus certamente virá em auxílio de vocês e os tirará desta terra, levando-os para a terra que prometeu com juramento a Abraão, a Isaque e a Jacó".
25. E José fez que os filhos de Israel lhe prestassem um juramento, dizendo-lhes: "Quando Deus intervier em favor de vocês, levem os meus ossos daqui".
26. Morreu José com a idade de cento e dez anos. E, depois de embalsamado, foi colocado num sarcófago no Egito.

Os sonhos de José mostram exatamente o poder que teríamos se conseguíssemos entrar conscientemente no mundo espiritual, ou seja a capacidade de profetizar.

O Maravilhoso Conhecimento dos Sonhos

Existem muito mais coisas entre o Céu e a Terra do que podemos imaginar. Coisas que a ciência ainda desconhece, mas que já são do conhecimento dos ocultistas e de ordens antigas há muitos séculos.

Existe uma quantidade fabulosa de conhecimentos ainda ocultos que podem acelerar a evolução humana, que ainda vêm sendo mantidos encobertos para o benefício somente de alguns, ou até mesmo porque a maior parte da humanidade ainda não está preparada para conhecê-los. Obviamente que existe também o problema dos dogmas, do preconceito, da ignorância e até mesmo das religiões, que impede a maioria dos seres humanos de estudar certos tipos de conhecimentos, principalmente os conhecimentos considerados ocultos.

É muito comum encontrarmos pessoas indignadas comparando-se com outras e dizendo: Como pode essa pessoa ser tão rica e eu não ter nada? Como pode aquela pessoa fazer tanto sucesso, sendo tão idiota? Sou muito mais inteligente e esperta do que ela, sou esforçada e trabalho como uma condenada e não possuo nem um 1% do que ela possui. Como é possível que

1% da população do mundo ganhe mais do que os 99%? Isso não é justo. Isso está errado. Precisamos fazer alguma coisa. O governo precisa criar um mecanismo para tirar a riqueza dessas pessoas e distribuir para o restante. Esse tipo de conversa é muito comum entre as pessoas.

O que a maioria das pessoas não sabe é que as que vivem nesse nível aprenderam e detêm um tipo de conhecimento diferenciado, fora do comum, que fez com que desenvolvessem uma consciência superior voltada para a riqueza, para o sucesso e até mesmo para a felicidade.

Saiba você que esse mesmo tipo de conhecimento está disponível para todos. O problema é que ninguém procura e, quando alguns procuram e encontram, muitas vezes simplesmente não acreditam, achando que é mais uma bobagem que não tem comprovação científica e, portanto, não serve para nada. Ou simplesmente a pessoa ainda não está preparada para compreender e, consequentemente, não percebe o valor do que encontrou. Com relação ao conhecimento dos sonhos acontece exatamente a mesma coisa.

O acaso não existe; portanto, se você encontrou este livro, foi por alguma razão que talvez você ainda desconheça, mas, certamente, não foi por acaso. Provavelmente você não encontrará em nenhum outro livro esse assunto abordado dessa maneira. Principalmente abordado de maneira tão simples e objetiva como foi mostrado aqui, contendo exemplos simples e fáceis de entender.

Agora você está de posse de um conhecimento que poderá mudar toda a sua vida. Só depende de você. O que fará com ele? Irá colocá-lo em prática? Ou simplesmente irá abandoná-lo, achando que é apenas mais um conhecimento sem comprovação científica e, portanto, não serve para nada.

Lembre-se, conhecimento sem prática não vale nada. Os benefícios desse conhecimento não cairão de repente do céu. Como todo conhecimento, exigirá esforço e prática, para que os resultados apareçam. Não espere por um milagre, comece hoje mesmo a praticar esse conhecimento, e eu garanto que muito em breve você se surpreenderá.

Então, o que você tem de fazer agora? Se você não sonha, o primeiro passo é aprender a sonhar. Se você já sonha, mas não se lembra, o segundo passo é aprender a se lembrar. Portanto, tanto para começar a sonhar como para se lembrar dos sonhos, descreverei a seguir dez práticas que farão com que isso comece a acontecer em breve.

1. Antes de dormir, pense em tudo o que aconteceu durante o dia, e procure se lembrar de todos os detalhes de uma determinada situação. Este exercício fortifica a memória e é de grande utilidade pessoal para as atividades do dia a dia. A memória fortalece o corpo etérico, intermediário entre o corpo físico e o corpo astral, e facilita a lembrança dos sonhos do astral.

2. Antes de dormir pense em que você quer sonhar, e queira, queira muito sonhar com o que pensou. Crie imagens da pessoa ou da situação, veja fotos, leia a respeito, use algo para reforçar o último pensamento ao dormir. Esse pensamento marcante facilitará o sonho desejado. Durma pensando: "vou sonhar e vou me lembrar".

3. Ao dormir, procure perceber o momento de transição da vigília para o sono e tente manter a consciência ligada ao adormecer. Parece um absurdo, mas funciona, e equivale a entrar no estado de sono conscientemente, como um dormir de olhos

abertos. Este exercício facilita tanto manter a consciência ligada no estado de sono como recordar das experiências astrais.

4. Ao acordar, apenas abra os olhos lentamente, sabendo que está voltando do astral. Nunca levante bruscamente, tenha calma, não fale e não pense em nada, apenas lembre-se dos sonhos calmamente, e pouco a pouco começam a se formar imagens do sonho, até que as imagens se interliguem e a lembrança seja total. Para ajudar, fale mentalmente: "eu tenho certeza de que sonhei e vou me lembrar". Tenha ao seu lado uma caderneta, para anotar os sonhos lembrados para depois serem identificados e estudados.

5. Coloque o despertador para acordar, por exemplo, uma hora antes do usual, e tente se lembrar do sonho como no item anterior. Calmamente regule o relógio para a hora que deve acordar, pensando: "eu estava sonhando e vou continuar a sonhar, e quando acordar vou me lembrar de tudo". Este exercício agiliza a lembrança dos sonhos que acontecem ao final do período de sono.

6. Durante o dia em horários diferentes, pense de cinco a seis vezes: "o que está acontecendo já me aconteceu em sonho". A sensação que sentimos de já termos passado por uma situação, de já termos estado em um lugar que nunca fomos, de já termos conversado com alguém que nunca vimos, é decorrente de experiências astrais, pois tudo que acontece no plano físico, antes de acontecer, já ocorreu no plano astral. Pense às vezes: "estou dormindo ou estou acordado?". Este exercício aumenta a frequência dessas lembranças, bem como a recordação dos sonhos.

7. Procure ficar dentro de si quando estiver acordado, dominando pensamentos e sentimentos. Normalmente nossa

mente divaga na superfície das observações. Às vezes não lembramos se uma pessoa usava óculos ou como estava vestida, e não lembramos de detalhes do local, apesar de termos ficado mais de uma hora conversando com essa pessoa. Ficar dentro de si é aguçar a observação para gravar os fatos na memória. O exercício de dominar os pensamentos e sentimentos leva a dominar as experiências e lembranças dos sonhos.

8. Durante o dia, algumas vezes, crie imagens de pessoas conhecidas, objetos e locais. Procure ver na lembrança o máximo de detalhes possíveis, formas, cores, expressões, etc. As imagens são facilmente formadas na região da fronte, entre as sobrancelhas, por causa do centro etérico conhecido como chacra frontal ou ajna, aí existente no corpo vital. Este exercício facilita a lembrança e o entendimento das imagens dos sonhos.

9. Buscar ser criança novamente, não ter preocupações, sentir interesse pela vida, ser alegre e feliz. Procure se lembrar da infância e sentir-se naquela época. Quando o sentimento for vivenciado, os sonhos serão lembrados, e os sonhos que se repetem constantemente, na maior parte dos casos, serão entendidos, pois geralmente foram gravados na infância.

10. Sonhe acordado. Quem não sonha não realiza sonhos. Sonhar é realizar o futuro; assim, sonhe acordado com seu amor, com um carro melhor, com uma casa melhor, com seu reconhecimento pessoal, com seu sucesso, com sua saúde; sonhe com tudo o que é importante e justo para você. Você verá que esses sonhos acontecerão primeiro no mundo dos sonhos ou mundo astral e, se forem de seu merecimento, acontecerão logo depois no mundo material. O sonhador realiza seus sonhos, pois tudo o que acontece no mundo físico antes de acontecer já ocorreu

no mundo astral. Este exercício leva a sonhar e a despertar a precognição pelos sonhos.

Treinando diariamente esse dez passos, em mais ou menos uns três meses você começará a sonhar e a se lembrar dos sonhos, então poderá começar a treinar todo o restante do conhecimento. Portanto, o primeiro passo é sonhar e se lembrar dos sonhos; depois disso você deve saber identificar os tipos de sonhos, e saber se seu sonho foi de origem física, de origem vital, de origem astral dentro do ovo áurico ou fora dele, se foi simbólico com um símbolo pessoal e saber qual o significado dos seus símbolos, ou se foi simbólico com um símbolo universal e qual o significado do símbolo e do sonho para você, ou se foi um sonho de origem mental dentro do ovo áurico, ou fora dele. Isso fará com que gradativamente você comece a entrar conscientemente nos sonhos lúcidos astrais e nos sonhos lúcidos mentais, até que chegará um momento em que você estará com sua consciência tanto no astral quanto no mental e isso fará com que seus sonhos sejam tão lúcidos que você tenha dificuldades de saber se aquilo é um sonho ou uma realidade. Saberá que está dentro de um sonho e que está sonhando e, assim sendo, poderá executar a sua magia, impedindo que algo possa acontecer ou fazendo com que algo aconteça a seu favor, tornando-se assim um mago dos sonhos. Após isso, poderá entrar conscientemente no mundo espiritual, e como o mundo espiritual é o mundo de verdades, você poderá acordar sabendo tudo sobre um determinado assunto, ou desenvolver a intuição, sabendo com certeza o que irá acontecer ao longo do tempo, ou seja, fazer profecias. Portanto, o objetivo final desta obra é fazer com que você descubra mecanismos para entrar conscientemente no mundo espiritual. Boa sorte!

Bibliografia

Bíblia Sagrada
Wikipédia, a enciclopédia livre
Livros recomendados
Decifrando os Temperamentos Humanos
Mestre Gabriel Amorim
Kung Fu – Um Caminho para a Saúde Física e Mental
Mestre Gabriel Amorim
Wu De – A Ética Marcial do Kung Fu nos Dias Atuais
Mestre Gabriel Amorim e Danillo Cocenzo
Di Zi Gui – O Livro Negro das Artes Marciais
Danillo Cocenzo
O Amor Abre Todas as Portas
Evaldo Ribeiro